从新手到行家

——心理教师的十项修炼

刘鹏志◎著

合肥工业大学出版社

如果我能使一颗心免于哀伤

［美国］艾米莉·狄金森，江枫　译

如果我能使一颗心免于哀伤
我就不虚此生
如果我能解除一个生命的痛苦
平息一种酸辛
帮助一只昏厥的知更鸟
重新回到巢中
我就不虚此生

本诗选自《狄金森诗选》，时代文艺出版社，2012 年

目　录

第一章 心理辅导课

课程思考

对心理辅导课“价值中立”原则的思考

随着观念的转变、认识的深入，许多中小学开始重视并着手开展学校心理健康教育。教育部发布的《中小学心理健康教育指导纲要》（以下简称《纲要》）指出：开展心理健康教育的途径和方法可以多种多样，不同学校应根据自身的实际情况灵活选择、使用，注意发挥各种方式和途径的综合作用，增强心理健康教育的效果。《纲要》还指出可以“开设心理健康选修课、活动课或专题讲座”。心理辅导课由于面向的是全体学生，并且以预防和发展为目标，因此这一途径受到大家的欢迎和推崇。但是，心理辅导课的内容、形式、原则等也一直是备受争议的话题。扬州大学教育科学与技术学院陈家麟教授认为，必须把专门的心理教育课程纳入课程体系之中……这是加强心理健康教育、优化课程体系、促进心理素质发展，带动整体素质全面和谐发展的一条根本出路。但同时，心理健康教育课程已成为制约心理健康教育进展的“瓶颈”。

尤其是对心理辅导课“价值中立”原则的争议由来已久。专职的心理辅导教师认为必须无条件地遵守“价值中立”的原则，因为它是区别于德育课的一个非常重要的标准；同时，一些非专业的教师认为教育本身就是一个价值干预的过程，心理辅导课不能游离于整个教育之外，心理辅导课也应该对学生进行价值干预。到底心理辅导课应该不应该遵守“价值中立”的原则，又应该怎样遵守这个原则，笔者就心理辅导课“价值中立”原则试着进行探讨和分析。

一、“价值中立”原则的来源及意义

“价值中立”的原则来源于来访者中心疗法。来访者中心疗法是由罗杰斯于20世纪40年代首创的一种心理治疗与咨询方法，他的主要观点是任何人都有着积极的、奋发向上的、自我肯定的、无限成长的潜力。如果个体的某些经验与其自我结构出现不和谐，即个体对自己经验的知觉出现歪曲或否认，使人的成长潜力受到削弱或者阻碍，那么，就会表现出心理病态或适应困难。他认为只要给来访者提供适当的心理环境和气氛，给来访者无条件的积极关注，他们自己就能产生自我理解，改变对自己和他人的看法，产生自我导向的行为，并最终成为完善功能的人。他强调来访者与咨询师之间的人际关系。来访者中心疗法的创建被人们认为是一次心理疗法的革命——从技术性的治疗转到注重人际关系。

在咨询实践中，他强调对来访者的非指导性，要求咨询师对来访者提出的疑问，坚持中立，不给予直接回答，也不给予任何规劝，而是让来访者自主决策。他主张将最基本的责任放在来访者身上，而咨询师处于被动境地，只作为跟随者。这就是“价值中立”的含义，即在心理咨询过程中，不判断、不指导、不主动。

笔者认为，之所以来访者中心疗法坚持在心理咨询过程中保持“价值中立”，是因为“价值中立”有以下意义：

（一）坚持“价值中立”原则，是建立良好咨访关系的一个重要条件

在心理咨询过程中，“价值中立”非常注重咨询师和来访者之间良好关系的建立，因为良好关系是来访者变化和成长的原动力，是最重要的干预因素，也是咨询能够延续下去的一个重要条件。假如咨询师和来访者在价值观上产生冲突的话，来访者就会认为咨询师无法接纳他，因此不可能完全袒露心扉，甚至会放弃咨询。

（二）坚持“价值中立”原则，消除来访者的依赖心理

由于心理咨询在我国还是新生事物，人们对它的看法还存在种种误区。来访者往往把咨询师看作一个权威的形象，希望咨询师能够指点迷津，希望

咨询师能够拯救自己。如果咨询师在咨询过程中，过多地进行价值干预的话，就容易强化他们的这种认识。他们就会把所有的希望都寄托在咨询师身上，对咨询师过分依赖，从而忽略自身的潜力，影响咨询效果。

（三）坚持“价值中立”原则，提高来访者的自信能力，增强心理咨询的实效

心理咨询的目的是达到助人和自助，“助人”是途径，“自助”是结果，即通过咨询师的帮助，能够使来访者达到自助的目的。假如说咨询师做不到“价值中立”的话，过多地进行判断或者指导，会使来访者有一种我不如人的感觉，影响他们的自信心，从而影响咨询效果。不把自己的观点强加于来访者，而是启发来访者去主动思考，找寻到解决问题的方法，这样咨询的效果无疑是非常好的。

因此，在心理咨询过程中遵循“价值中立”是非常重要的，但是也不是绝对的。华中师范大学江光荣教授在他《心理咨询中的价值干预》一文中叙述得非常透彻。

二、心理辅导课不能完全遵循“价值中立”的原则

即使在心理咨询过程中应该无条件遵循“价值中立”（当然这种假设并不成立），也因心理辅导课和心理咨询存在着区别，而使心理辅导课中不能也不应该完全的“价值中立”。

（一）心理咨询面对的是个体，而心理辅导课面对的是群体

在心理咨询过程中，无论来访者的观念多么消极，多么悲观，他不会影响其他人。但是，心理辅导课就不同了，教师面对的是一个群体，如果一个学生说出的观点或者观念比较消极或者悲观的话，而教师又不作任何价值干预，会使其他同学认为教师默认了他的价值观，从而会对其他同学造成不好的影响。因为毕竟中小学生的世界观、价值观还未完全形成，他们容易受到他人价值观的影响。

（二）心理咨询以矫治为目标，而心理辅导课的目标是预防和发展

心理咨询以矫治为目标，它的对象是存在某些心理问题或者心理障碍的个体，因此，来访者身上肯定会存在着消极的观点或观念，或者存在着价值观的冲突。我们“价值中立”的目的并不是任由他的价值观发展，而是首先接纳他，建立一个良好的人际关系，让他在这种良好的氛围中反思

自己的价值观。但是心理辅导课面对的几乎都是正常的学生，他们都有基本正确的价值观，而此时消极的价值观对他们的影响就非常大，不得不引起我们的重视。

（三）心理咨询是一个连续的过程，而心理辅导课之间内容相对独立

心理咨询一般不是靠少数几次就能解决问题的，它需要一个长期的过程。正如江光荣教授所说，完全的“价值中立”是不可能的，心理咨询本身就是一个价值干预的过程。“价值中立”，并不是对来访者的价值观放任自流，而是激发来访者的潜力，能够使他自己去领悟，去察觉自己的价值观是如何的不合理，如何的消极，从而做到更正和发展。心理辅导课虽然是有系统性的，但是不可能对一个内容用几节课的时间去探讨，因此，如果在本节课上学生出现消极或者不合理的价值观而教师不去作价值干预的话，就可能会留下后患。

综合以上说法，心理辅导课与心理咨询存在区别，因此不能简单地把心理咨询中的原则照抄照搬到心理辅导课中来，应该对“价值中立”做到具体情况具体分析。

三、何种情况下，心理辅导课需要价值干预

心理辅导课需要价值干预，但并不是一遇到学生与教师的观点或者观念不一致，就进行干预，而是要区别对待。笔者认为以下情况，有必要进行价值干预。

（一）学生的价值观存在明显的错误，会给其他同学带来负面影响

比如一位老师在上一节题为“情绪万花筒”的心理辅导课，教师提出一个问题，如何消除不良情绪时，一个学生站起来回答，可以打人，吃摇头丸。这个学生的观点存在明显的错误，如果教师不能价值干预的话，会给其他同学带来负面影响。

（二）学生的言谈评论会伤害到其他同学或者其他人时，教师有必要进行价值干预

比如曾经有一节题为“男生女生的交往”的心理辅导课，其中有一个环节，就是让男女同学写出自己喜欢或者不喜欢的异性的某些形象，教师找出几个典型的读出来，当读到女生不喜欢的男生形象——“婆婆妈妈”时，一个同学大笑，然后大声说：“就是我同桌。”这个同学的言行明显给

其他同学带来了伤害，如果教师不能及时进行价值干预的话，会对学生造成某种伤害。

（三）学生的言行举止故意哗众取宠，影响课堂秩序时，教师有必要进行价值干预

心理辅导课采取“价值中立”的原则，为学生营造了一个宽松信任的环境，能够让大家在这个环境里畅所欲言，是非常好的。但是，营造这种环境的目的绝对不是放纵学生，并不是让他们可以为所欲为。因此，有的学生在课堂上哗众取宠，影响到课堂秩序时，教师应该进行价值干预。

四、在价值干预时，需要注意些什么

（一）要慎用价值干预

虽然心理辅导课上教师有必要进行价值干预，但并不代表任何时候都可以进行价值干预。“价值中立”仍然是心理辅导课的一个非常重要的原则，尤其是以下看起来好像需要价值干预的情况下，仍需保持“价值中立”。

1. 无定论，还存在争议的观念或者观点

有些时候，有些价值观还存在着争议，本无所谓对错，此时教师切不可把自己的价值观强加于学生。比如，有一节题为“神奇的网络”的辅导课，老师最后申明自己的观点：“网络交友会给你带来伤害，甚至是终生的伤害”，一句话就否定了网络交友这种交友的方式。其实通过网络结交朋友只是一种交友的渠道，它本身并不存在好与坏，但是教师把自以为正确的价值观强加给了学生。

还有一节题为“选择”的心理辅导课，其中设计了几个选项供学生选择。一个学生选择了“丰厚的财富”，他认为财富对他来说非常重要。教师此时就评论说，拥有财富并不一定会幸福。这句话有很强的暗示性，其实就是明确地把自己的这种价值观强加给学生。而笔者认为，此时教师完全没有必要进行价值干预，人生去追求财富并没有错，关键看他通过什么手段得来或者如何去应用他的财富。因此，在一些价值观还存在争议时，或者有些价值观本身无所谓好坏、积极或者消极时，教师应该保持“价值中立”。

2. 自身在成长过程中会自行修正，又不会给他人、给社会带来危害的观念或者观点

有些观念或者观点不会给他人、社会带来危害，并且学生在自身成长

过程中会逐渐修正自己这种不太完善的观念。比如在上一节题为“良好的少男少女的形象”的辅导课上，教师让学生写自己心目中良好的少男少女形象。一个男同学写的是喜欢漂亮的女生。这时，老师就说了，漂亮的一定好吗，等等，就极力地想让学生接受自己“心灵美才是更重要”的观点。其实，爱美之心，人皆有之。这是人的本性，尤其是中学生在交朋友时，第一印象非常重要，他并不会因为教师的教导而改变观点。但是，随着年龄的增长，他们就会发现交朋友最重要的并不是外貌，而是内在的某种特质。因此，此时教师的价值干预完全是多余的，应该保持“价值中立”。

3. 有些观念或观点并不完善，但是在接下来的心理辅导课中会涉及

有些观点可能不正确或者不完善，但是它并不会给别人带来不好的影响，并且在接下来的心理辅导课中，有专门针对这方面问题的探讨。这个时候，教师就没有必要进行干预。

（二）价值干预要讲究方法

心理辅导课上，教师在应用价值干预时，应该非常慎重，而且也应该讲究方法和技巧，因为稍有不慎，可能会伤害学生发言的积极性，并且会影响宽松信任的团体氛围。

以上是笔者长期以来在心理辅导课实践过程中的一点思考，不一定正确，只是抛砖引玉，希望能引起大家的思考和讨论。

参考资料

[1] 江光荣．心理咨询与治疗［M］．合肥：安徽人民出版社，1995.

[2] 钱铭怡．心理咨询与心理治疗［M］．北京：北京大学出版社，1994.

[3] 岑国桢，李正云．学校心理干预的技术与应用［M］．南宁：广西教育出版社，1999.

[4] 江光荣．心理咨询中的价值干预［J］．心理学动态，2001（3）：248–252.

[5] 赵冰洁．对来访者中心疗法的“价值中立”的思考［J］．西南师范大学学报（人文社会科学版），2003（4）：49–52.

自我开放技术在心理辅导课中的应用

自我开放又称为自我揭示、自我暴露、自我表露或自我披露等，这个概念最初是由朱拉德提出的。自我开放的意思是把自己个人的有关信息讲出来，使别人知道这样一个过程。心理咨询过程中，最初只重视来访者的自我开放，认为这在咨询中是必须的，是咨询取得成功的必备条件。后来人们也开始重视咨询师的自我开放，认为这与来访者的自我开放是同样重要的。许多文献认为这是一个咨访双方交互作用的过程。拉扎勒斯指出，咨询师言语性的自我开放具有开辟治疗交流渠道的功效。

由此可见，自我开放具有双重含义：一重是指来访者对咨询师的自我开放，另外一重是指咨询师对来访者的自我开放。由于篇幅所限，笔者在此只探讨咨询师对来访者的自我开放问题。在这里，自我开放被定义为：心理辅导教师在心理辅导课上，根据当时的具体事件或问题，公开地暴露自己的某些人生经历、经验或感受，包括自己曾经有过的负向体验或经历，来与班级团体成员分享。

一、自我开放技术在心理辅导课中的意义

（一）自我开放有利于建立真诚、信任的团体氛围

罗杰斯认为，只要创造出一种最优化的心理氛围，每个人就都有一种内在的自我理解和改变其对自己、对他人看法的可能性，并能表现出自我指导的行为方式。可见在心理辅导课上，心理辅导教师最重要的任务之一就是建立一个真诚、信任的团体氛围。正如特级教师钟志农所指出，心理辅导课的有效性主要依赖于辅导教师的行为所建立起来的班级团体气氛，这一气氛可以引发学生的积极回应，并导致学生认知和行为的变化。所以，营造坦诚、信任的团体氛围，消除学生对自由沟通和交流的防卫心理，是辅导教师最重要的责任、最主要的任务、最高超的技能，也是心理辅导课最基本的环节。

而教师的自我开放，无疑为学生树立了一个真诚、坦率的榜样，有助于良好的团体氛围的形成。

（二）自我开放有利于建立良好和谐的师生关系

李咏吟（1995）的研究告诉我们，教师若能与学生维持良好的师生关系，则学校的教育环境对学生而言是吸引人的，是振奋与愉悦的，教师对学生在人格成长等方面的影响力也相对提升。

研究表明，咨询师的自我开放可以加强其对来访者的吸引力，尤其是咨询师自我开放提供的是有关咨询师自己的负性信息，来访者会感到更多的共情、温暖与信任。同理，心理辅导课上教师的自我开放也会令学生感到共情和温暖，在这种影响下，良好和谐的师生关系也逐渐形成。

（三）自我开放有利于学生分享自己真实的感受

社会心理学的研究观察到，当一个人向另一个人作出一定的自我开放时，常常引发另外一人做出相同水平的自我开放。随着这一过程的进行，双方的个人关系变得愈来愈密切。如果一方的自我开放未能引起另一方的自我开放，前一方的自我开放趋于受抑制。阿尔特曼和泰勒称这一规律为自我开放的“互报规则”。显然这一发现对心理辅导有启发作用。

心理辅导课重视学生分享自己的真实感受，这一行为会在教师的自我开放下不断得到强化。

（四）自我开放有利于教师自身的心理健康

根据乔哈里窗理论，人的内在可分为开放我、盲目我、隐藏我和未知我四个部分。隐藏我部分过大或者过小，都不利于人的心理健康。如果隐藏我太多，开放我就太少，如同筑起一座封闭的心灵城堡，无法与外界进行真实有效的交流与融合，既压抑了自我，也令周围的人感到压抑，容易导致误解和曲解，造成他评和自评的巨大反差，成为人际交往的迷雾与障碍，甚至错失机会。

自我开放在一定程度上可以缩小隐藏我部分，让教师在学生面前变得更加开放和阳光，从而促进心理健康。

二、如何在心理辅导课中应用自我开放技术

（一）自我开放要以真诚为基础

教师在自我开放的时候一定要真诚、坦率，在分享自己过去的经历时，要实事求是，不能夸大或者缩小，更不能虚构。否则，自我开放的效果可能适得其反，不但会影响心理辅导课的实效性，也会使学生对老师失去信任。

（二）要慎选自我开放的时机

心理辅导课上的自我开放一般用在团体工作阶段或结束阶段，即有了一定的团体氛围、团体成员也有了一定的心理准备之时。否则，教师的自我开放就显得做作和牵强。不但如此，教师过早的自我开放可能会给学生带来某些心理暗示，违背“价值中立”的原则。比如，在一节题为“良好的青春期自我形象”课上，其中有一个环节就是教师让男女同学写出自己喜欢或者不喜欢的异性的某些形象。在学生还没有写之前，教师就做了自我开放，表达自己喜欢何种男生和何种女生。学生在做分享时，很多人都顺着教师的喜好来表述。可见，教师由于自我开放时机不对，对课堂造成了负面影响。

（三）自我开放的内容不能过多

心理辅导课上的自我开放最主要的意义就是，通过教师的自我开放引出学生的自我开放。因此，教师自我开放的内容应紧贴团体讨论的主题，陈述尽量简明扼要，不能喧宾夺主，不能占用团体过多的时间。笔者曾经听过一节题为“报得三春晖”的课，是讲亲子关系的。教师在自我开放时，向学生分享自己和祖母的故事。教师在讲述过程中情不自已，边讲边哭，边哭边讲，一直讲了40多分钟，结果40分钟一节的课，被她上成了70分钟，这节课的效果也就可想而知。教师的自我开放是手段，学生的自我开放才是目的，因此，教师要把握自我开放的时间，不能喧宾夺主。

（四）自我开放的程度不能太深

一方面，太深的自我开放首先会对教师自身造成伤害。笔者在前面已经提到，根据乔哈里窗理论，隐藏我部分过大或者过小，都不利于人的心理健康。适度的内敛和自我隐藏，给自我保留一个私密的心灵空间，避去外界的干扰，是正常的心理需要。没有任何隐私的人，就像住在透明房间里，缺乏自在感与安全感。教师过多过度的自我开放，会使其在学生面前成了透明人，毫无隐私可言，尊重也就无从谈起。

另一方面，太深的自我开放也会对学生造成伤害。因为教师的言行容易受到学生的模仿，学生在教师的感染下，可能会情不自禁地讲出比较隐私的话题，极易造成课下受到其他同学嘲笑、侮辱的不良后果。

（五）浅层的自我开放要以积极正向的内容为主

心理辅导课上的自我开放一般分为两个层次：较浅层次的是向学生表明自己对当时团体互动过程的现场感受，包括正向的和负向的；较深层次的是把自己过去的有关人生经历和情绪体验坦率地与学生分享。在进行浅层的自我开放时，教师尽量多分享积极正向的内容，少分享消极负向的内容。比如一节心理辅导课上，教师让学生分享自己以前遇到的挫折，学生表现得比较被动，想分享的人寥寥无几。教师为了促使学生更好分享，就用了浅层的自我开放技术。他说："我们班的同学为什么这么不积极，我感到很失望。"结果他讲了几遍以后，刚才想分享的人也不愿意分享了。可见，教师在做浅层的自我开放时，一定要注意这一问题，因为浅层的自我开放是关于现场感受的，如果教师的语言表述不当，可能就会引起学生的反感，破坏良好的团体氛围。

（六）深层的自我开放要注意正性信息与负性信息相结合

在自我开放中，正性信息可以起到为学生树立榜样、激发他们勇气的作用，负性信息可以起到为学生提供负面教材、警醒他们人生的作用。两者都可以发挥积极的意义，因此教师应该根据实际需要，灵活地做出选择。

上文中已经提到，咨询师自我开放提供的是有关咨询师自己的负性信息，来访者会感到更多的共情、温暖与信任。可见，教师在做深层的自我开放时，要倾向于做更多的负性信息的开放。

总之，教师在心理辅导课上应用自我开放技术，如果应用得好，会让人感到眼前一亮，并且有时可以起到事半功倍的效果。反之，教师如果应用不好，也会造成不良的影响。因此，我们在平时的辅导过程中，要多实践，勤思考，争取尽快地掌握这一技巧。

参考资料

[1] 钟志农．心理辅导活动课操作实务［M］．宁波：宁波出版社，2007.

[2] 钟志农，刘鹏志，周波．高中生心理辅导案例解析［M］．上海：华东师范大学出版社，2007.

[3] 江光荣．心理咨询与治疗［M］．合肥：安徽人民出版社，1995.

[4] 钱铭怡．心理咨询与心理治疗［M］．北京：北京大学出版社，1994.

[5] 刘晓明．学校心理咨询百科全书（理论卷）［M］．长春：吉林人民出版社，2000.

中小学心理健康教育课教案设计存在的问题及对策

心理健康教育课又称心理辅导活动课、心理健康教育活动课等，是指以团体心理辅导及相关理论与技术为指导，以解决学生成长中的问题为目标，以班级为单位的集体心理辅导活动。心理健康教育课是中小学实施心理健康教育的重要途径之一，事关整个学校心理健康教育工作的成败。正如扬州大学教育科学学院陈家麟教授所指出，必须把专门的心理健康教育课程纳入课程体系之中……这是加强心理健康教育、优化课程体系、促进心理素质发展，带动整体素质全面和谐发展的一条根本出路。

鉴于其重要性，我国各地中小学校先后开设了心理健康教育课程。心理健康教育专家、学者以及一线教师先后开发了种类繁多的教材、教案集等，取得了一些成果。

但是，当前心理健康教育课仍旧存在着种种问题，制约了心理健康教育的发展。正如浙江省心理健康教育特级教师钟志农所指出，班级心理辅导活动课既是学校心理健康教育的最佳途径，又是当前学校“心育”工作深入开展的瓶颈。心理健康教育课存在很多方面的问题，因为篇幅有限，笔者不能一一尽述，本文仅从教案设计方面谈谈自己的看法。

教案设计的好坏是一节课成败的基础。好的教案设计，不一定会上成一节好课，因为还要看教师的素质、能力以及学生的配合度等其他因素；但是一个不好的教案设计，不管教师素质如何，肯定上不成一节好课。

一、当前心理健康教育课教案设计存在的问题

（一）辅导目标大而空

辅导目标即一节课想要达成的目标。由于一节课的时间有限，目标越小、越具体，就越容易达成；反之，目标大而空，就很难达成。例如，一节异性交往的省级公开课“栀子花开”的辅导目标如下：

第一，理解性别角色差异，增进对异性的了解和欣赏；正确看待青春期异性交往和男女生之间的情感。

第二，让学生在故事的发展情境中感受“青春情”的美好与纯洁，并同时体验异性交往中的困扰和烦恼。

第三，让学生学习妥善处理异性交往过程中出现的问题；培养青少年具备与异性建立良好关系的能力，成为情感丰富、心理积极健康的人。

可以看出，这节课的辅导目标很大，教师试图用一节课解决学生异性交往方面的所有问题。辅导目标很空洞，缺乏较强的操作性。如“让学生学习妥善处理异性交往过程中出现的问题”，异性交往过程中会存在很多问题，这节课究竟想让学生学会处理哪些问题呢？

辅导目标的确立是教案设计的基础，所有素材的选择、活动的设计都应紧紧围绕着辅导目标来进行。

如果辅导目标模糊、空洞或宽泛，如何能设计出一篇优秀的教案呢？

（二）素材选择多而散

一篇好的教案设计需要好的素材，但是素材选择要少而精。即使都是好的素材，无序地堆砌在一起，也会令人心生厌烦。当前互联网比较发达，在设计教案时，教师可以上网找到很多相关素材。有些心理教师觉得这个素材很好，那个素材也很好，哪一个也舍不得放弃。于是，心理健康教育课就变成了素材展示课，一个接一个的素材轮番呈现，而学生的讨论、分享就变成了走过场，浅尝辄止，致使辅导效果难以达成。例如，一节异性交往的省级公开课“微笑走过花季雨季”的环节如下：暖身游戏—现场调查—播放视频 1—播放视频 2—讨论—播放视频 3—讨论—播放视频 4—讨论—播放视频 5—讨论—播放视频 6—寄语。

本节课中的视频、文字等素材都非常好，也非常适合中学生。但是，因为呈现的素材过多，致使学生的讨论、分享时间太少，而且这些素材并不能紧紧围绕着同一个主题，使讨论比较分散，难以集中。

（三）活动设计“老”而“幼”

心理健康教育的有些活动、游戏的确很经典，但是用的次数太多了，学生难免会产生倦怠感。“老”指的是“陈旧”，有些活动、游戏，小学生上课时用，初中生上课时用，高中生上课时也用。即使教师的辅导技巧再高明，同一个活动用的次数多了，学生也会出现麻木的感觉。“幼”指的是“幼稚”，有些活动、游戏适合小学生，但是拿来给高中生用，他们的感受和小学生有很大的差别。例如，在一节公开课上，做完一个活动后，教师问学生有什么体会或感受，学生齐说："好无聊啊。"

这样的心理健康教育课，虽然做到了"以活动为主"，但是活动设计或者比较陈旧，或者比较幼稚，致使辅导效果难以达成。

（四）环节衔接松而乱

一篇好的教案设计、一节好课，必定是所有的环节都紧紧围绕着辅导目标而展开的，并且环节和环节之间的逻辑关系分明、衔接天衣无缝、过渡自然和谐。这当然是一节好课的理想标准，达到这个标准有一定的难度，但至少应做到逻辑清晰、层次分明。而在现实中，能够达到这个较低标准的教案设计也是凤毛麟角。有的课，是素材杂乱无章的堆砌和拼凑，根本没有一条贯穿始终的主线；有的课，各个环节之间毫无逻辑可言，上一环节和下个环节的关系"剪不断，理还乱"，还经常出现思维跳跃，常搞得学生一头雾水。

二、对策

（一）心理健康教育教师要有创新意识

设计一篇富有新意的教案并非易事，需要设计者花费很多心血。设计好以后，教师还要到班级去试上课，以检验教案设计是否科学合理。如果每节课都采用这种方式，势必会给教师带来很大压力。但是，如果能持之以恒，不出两三年，这样的教师就会成长为一位非常优秀的心理健康教育教师。反之，教师如果缺乏创新意识，每节课都照抄照搬，虽然压力小了，但是很难成长为一位优秀的心理健康教育教师。所以，每位心理健康教育教师都要有创新意识，勇于探索，只有这样，你的课才能越来越受到学生的欢迎。

（二）心理健康教育教师要有严谨的治学态度

心理健康教育课程既没有统一的课程标准，也没有统一的教材，更没有知识点之说，因为心理健康教育课不重知识传授，只重体验与感悟。

那么，心理教师是不是就不需要具备严谨的治学态度了呢？答案是否定的。当前教案设计出现的种种问题和教师缺乏严谨的治学态度是分不开的。不能因为心理健康教育课不重知识的传授，教师就忽略了严谨的治学态度。课堂上环节和环节之间是怎样的关系？哪个环节应该放在前面，哪个环节应该放在后面？这节课的重点是什么，应该突出哪个环节？这些问题都需要教师慎重考虑，仔细分析，这样才能设计出一篇好的教案，课堂才不仅仅是活动的拼盘和游戏的杂烩。

（三）心理健康教育教师要有刻苦钻研的精神

从当前的大环境来看，由于应试教育的客观存在，心理健康教育的受重视程度还需进一步提高，心理健康教育教师的地位也有待提升。但是，在这种形势下，全国仍涌现出了一批优秀的心理健康教育教师。他们受学生欢迎、家长尊敬和领导器重，这和他们心理课的良好实效性是分不开的。而这一批教师普遍具有刻苦钻研的精神，不随意盲从，不人云亦云，所以能够脱颖而出，成为各个地区的领头雁、排头兵。

总之，心理健康教育课在全国各地开设以来，取得了很多成绩，教师们取得了长足的进步。但同时，心理健康教育课还存在着很多问题，一些问题甚至成了阻碍心理健康教育工作深入开展的“瓶颈”。在众多问题之中，教案设计存在的问题，是一个迫切需要关注并亟待解决的问题。

由于各种因素的影响，我国各地区、各校学生的心理素质情况各异。笔者认为，心理健康教育课不应该有统一的课程标准、统一的教材，在这种情况下，心理健康教育教师的教案设计能力、校本课程开发能力显得更为重要。所以，心理健康教育教师提升教案设计能力、校本课程开发能力迫在眉睫。

教学设计

认 识 情 绪

理念阐述

情绪是人类特有的一种心理现象，是人类对于周围各种物体和现象的一种内心感受。情绪是观察一个人对于某人或某事真实情感的窗口；情绪活动也是观察一个人思想觉悟的尺度之一；情绪活动还能反映出一个人的志向；情绪又能够反映一个人的胸怀和度量；情绪更能够反映出一个人的意志和性格；情绪还是衡量个人积极性的特征指标。总之，情绪是认识和洞察人们内心世界的重要尺度之一，它标志着个性成熟的程度。

高中生的情绪不仅是强烈的，而且还是多变的、不稳定的。有的高中生上午还在为一件愉快的小事而兴高采烈，下午就会因受到一点委屈而情绪消沉。有的高中生对于外部刺激的反应相当迅速，几句当众的批评，挫伤了自尊心，便垂头丧气。但是，几个小时后，几句鼓励的话，自尊心得到满足，他便又高兴起来，劲头也大了。情绪变化频率过快，必然使其心情难以平静。

因此，对高中生进行情绪方面的辅导是非常重要的。情绪辅导的有效性建立在其对自己情绪的认识、了解和澄清的基础之上，因为高中生只有充分了解并澄清自己的情绪，才能有针对性地去把握和调节自己的情绪。

活动目标

1. 使学生了解情绪是纷繁复杂的，并且能够根据普拉奇克的情绪分类理论对情绪进行细致的分类。

2. 根据情绪分类，进行辨析、思考；能够澄清自己的情绪，并且可以用准确的词语来表达自己的情绪。

3. 通过“情绪气球”活动，使学生进一步澄清自己的情绪，并能够了解情绪对自己生活和学习的影响。

活动准备

6~8 人一组，分成若干小组，制作课件。

活动设计

环节	活动过程	设计意图
情绪现在时	活动规则： ① 每个人拿出一张纸，用一个字、一个词或者一句话来描述你此时此刻的情绪感受（不记名）。 ② 写好以后，指派两三名学生把这些结果收上来。 ③ 教师随机选择一些结果，读出这些情绪感受。 导语：听了其他同学的情绪感受，结合你自己的情绪感受，谈谈自己的体会	通过“情绪现在时”活动，引发学生的好奇心，激发他们的兴趣，从而引出主题；通过谈体会，让大家对情绪有个初步的认识
情绪分类	过渡语：可见，每一个人的情绪感受不尽相同，情绪有很多的类型，我们今天介绍一下心理学家是如何对情绪进行分类的。 一、克雷奇对情绪的分类 ① 将快乐、愤怒、恐惧、悲哀视为最基本的或原始的情绪。 ② 与感觉刺激有关的情绪，包括疼痛、厌恶和轻快。这类情绪可以是愉快的，也可以是不愉快的。 ③ 与自我评价有关的情绪，包括成功的与失败的情绪、骄傲与羞耻、内疚与悔恨等，这些情绪决定于一个人对自身行为与客观行为标准的关系的知觉。 ④ 与他人有关的情绪。发生在人与人之间的情绪种类似乎无限繁多，按照积极的与消极的维度，可以把它们分为爱和恨两大类	讲解情绪划分理论，使同学们认识到情绪种类其实是多种多样的

（续表）

<table>
<tr><th>环节</th><th>活动过程</th><th>设计意图</th></tr>
<tr><td>情绪分类</td><td>
二、心理学家普拉奇克对情绪的分类
普拉奇克认为人有 8 种基本情绪，分别是喜、怒、哀、惧、爱、恨、惊奇和警惕，每一种情绪按照程度的不同又可以细分为丰富多彩的情绪（见下图）。
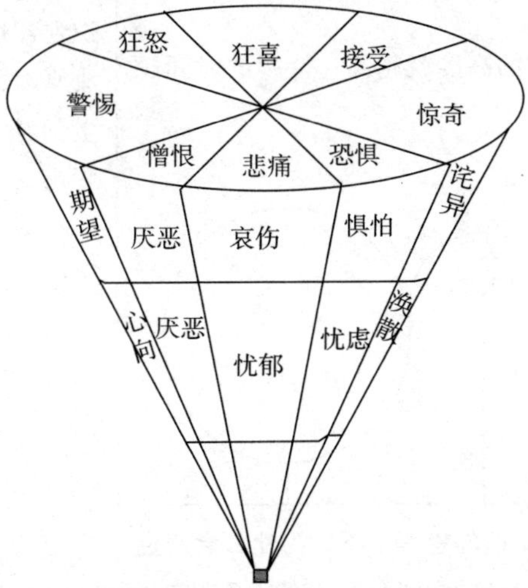

引导语：按照普拉奇克的理论，基本的情绪又可以按照程度的不同分为不同的种类，比如快乐是基本的情绪，按照程度的不同又可以分为愉悦、开心、欣喜、狂喜等，而恨又可以分为怨恨、恨之入骨等。各个小组讨论一下，将 8 大类情绪详细划分一下。
<table>
<tr><th>情绪种类</th><th>用来描述情绪的词汇</th></tr>
<tr><td>喜</td><td></td></tr>
<tr><td>怒</td><td></td></tr>
<tr><td>哀</td><td></td></tr>
<tr><td>惧</td><td></td></tr>
<tr><td>惊</td><td></td></tr>
<tr><td>警</td><td></td></tr>
<tr><td>爱</td><td></td></tr>
<tr><td>恨</td><td></td></tr>
</table>
学生完成以后，分享完成的内容
</td><td>通过“情绪分类”活动，使学生明白即使同种情绪也存在着强度上的细微差别，并且为下一个活动做好了充分的准备</td></tr>
</table>

（续表）

环节	活动过程	设计意图
情绪气球	活动规则： ① 从以上情绪的详细分类当中，找出自己今天存在的所有情绪。 ② 按照情绪的强度大小排列顺序，再按照情绪持续时间的长短排列顺序。 ③ 强度越大，气球的高度就越高；持续的时间越长，气球的大小就越大。 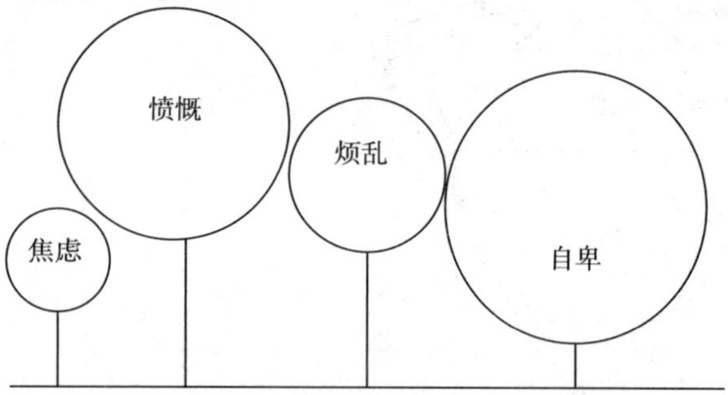 引导语：画好以后，请你思考一下，为什么会产生这些情绪，这些情绪对自己的学习和生活有什么影响	通过“情绪气球”活动，使学生明确并澄清自己的情绪，并且能够意识到各种情绪的形成原因，及对自己生活学习造成的影响
小组讨论	情绪会对我们产生哪些影响	通过讨论，使学生意识到情绪的影响，从而产生调节情绪的动力

为情绪找个出口

理念阐述

中国文化一直强调“喜怒不形于色”，因此传统的观点认为，在众人面前不显露自己的情绪才是情商高的表现。在这种传统观点的影响下，人们往往容易压抑自己的情绪，从而造成种种危害。其实，无论是积极情绪，还是消极情绪，都是相对而言的，没有绝对的好与坏。教师引导学生学会接纳自己的各种情绪，并且学会以适当的方式宣泄和释放自己的情绪，显得尤其重要了。

活动目标

1. 让学生认识到积极情绪和消极情绪都是相对而言的，并没有绝对的好与坏。

2. 掌握宣泄情绪的方法，学会“找回哭泣本能”的方法。

3. 通过小组讨论，让学生明白宣泄情绪的注意事项，从而能够科学合理地宣泄和释放自己的情绪。

活动设计

环节	活动过程	设计意图
极限突围	热身活动：极限突围 游戏规则：每个小组选出一个人站在中央，其他同学以他为中心，手拉手围成一个圈。中间同学想方设法从大家围成的圈中突围出去，周围同学则想尽办法不让中间的同学突围出去。突围成功以后，换其他同学进行。 注意事项： ① 中间同学只能从周围同学的臂下突围钻出，不得用力冲撞	通过“极限突围”这个游戏，活跃课堂气氛，拉近同学关系，同时引出本节课主题

（续表）

环节	活动过程	设计意图
极限突围	② 周围同学只能左右移动用身体阻挡攻队队员钻出，不准推、拉。 ③ 周围同学不得松手，如松手，攻队队员可以从缺口处突围。 学生分享心得感受 教师总结：有时我们的情绪就像中间的那位同学，想尽一切办法释放出去，可是由于种种原因无法释放。如果累积得过多过久，有时可能会产生破坏性的影响。因此，我们要学会为情绪找个出口	
情绪归类	有人把情绪分为积极情绪和消极情绪，或者正面情绪和负面情绪。请将下面描述情绪的词汇，按照积极情绪和消极情绪进行归类，并说明理由。 自信 幸福 批判 厌倦 激情 担心 欣赏 绝望 关心 敌意 热爱 喜悦 感激 失望 恐惧 赞同 焦虑 挫败 愤怒 同情 抱怨 容忍 宽容 疲惫 平静 沮丧 骄傲 屈服 冷漠 反省 满足 畏缩 学生分享 教师：同样的情绪，有的组认为属于积极情绪，有的组认为属于消极情绪，这是为什么呢？ 学生回答 教师：积极情绪和消极情绪只是相对而言，消极情绪也有积极的价值和意义，情绪并没有绝对的好与坏	通过对情绪词汇进行归类，让学生明白积极情绪和消极情绪是相对的，并没有绝对的好与坏
观看视频	教师：但是在平时生活中，很多人认为消极情绪是不好的，所以他们容易压抑自己的消极情绪。那么压抑情绪会给我带来什么危害呢？请看短片“为什么你不该压抑自己的情绪”。 小组讨论：压抑情绪会给自己带来哪些危害？ 学生回答 教师总结	通过观看视频和小组讨论，让学生明白压抑情绪会给自己带来很多危害

（续表）

环节	活动过程	设计意图
学会宣泄	教师：既然压抑情绪会给自己带来这么多的危害，那么我们要学会宣泄情绪，宣泄情绪都有哪些方法呢？ 学生回答 教师总结宣泄情绪的方法： ① 向家人或朋友倾诉； ② 运动； ③ 写日记； ④ 到心理咨询室击打宣泄； ⑤ 找个没人的地方大喊大叫； ⑥ 剪个纸人，用针戳他； ⑦ 大哭一场。 说到大哭一场，这里有一个宣泄的方法非常好。这个方法叫“找回哭泣本能”，是美国著名心理学博士鲁思在《第二生》中提出来的，具体的步骤是： ① 寻找一个隐秘的空间，舒服地坐下，将手放在胸前锁骨的上方； ② 呼吸只到手放的地方； ③ 急促地出声吸吐气，发出像婴儿的哭泣声，仔细倾听其中的哀伤； ④ 回想伤心往事，允许自己流露软弱； ⑤ 持续地练习，如太阳穴隐隐作痛，就是压力过多，需哭泣。 引导学生练习“找回哭泣本能”	通过讨论，让学生认识到宣泄的方法有很多种，并且引导学生掌握“找回哭泣本能”的方法
小组讨论	教师：前面我们探讨了很多宣泄的方法，在宣泄的时候，我们应该注意什么呢？请小组讨论一下。 学生回答 教师总结： ① 定期宣泄，不让负面情绪积压； ② 合理宣泄，不伤害自己，不伤害他人，不破坏财物； ③ 个性宣泄，适合每个人的宣泄方法是不一样的，关键是找到自己情绪的稳定点	通过小组讨论，让学生明白宣泄要做到定期、合理和个性化
总结	教师：可见，管理情绪并不是压抑自己的情绪，而是要学会以适当的方式宣泄和释放自己的情绪。 请给自己的情绪一个出口	总结升华

柳暗花明又一村

——换个角度看问题

理念阐述

人的思想、心理足以支配其行为与生活。在现实生活中，让人们难过、痛苦的往往不是事情的本身，而是我们对事情的解释和看法；事情本身常常无所谓好坏，而当我们加上了自己的偏好、欲望和评价，便会产生种种无谓的烦恼与困扰。所以一个人如果有正确的观念，则能引导其过愉快的生活；反之，错误的思想和偏颇的看法，则易使人产生烦恼与困扰。

美国著名认知行为疗法专家阿隆·贝克认为，认知过程是行为和情绪的中介，不适应行为和不良情绪可以从认知中找到原因。当认知中的曲解成分被揭示出来，被正确合理地再认识，并进行有效的调整，在重建合理认知的基础上，不良情绪和不适应行为也就随之得到改善。

临床心理学家艾理斯在 1955 年创立了“理性—情绪治疗”，主张情绪源自想法、理念，个体可以用改变想法来改变情绪。该理论颇能充分应用思想的功效，帮助个体以逻辑思考来处理过度的情绪反应，以合理的人生观来创造生活、适应环境。

根据理性—情绪治疗的理论，情绪乃是源于想法、态度、价值；引起个体种种情绪的，不是事情的本身，而是个体对事件的看法或他对自己所说的话所致。艾理斯对“情绪 ABC 理论”作了阐述，他认为引起情绪结果（emotional consequence；C）的并非事件（activating event；A）的本身，而是个体对此事件的想法（belief system；B）所致。换句话说，焦虑、沮丧、敌意等情绪结果 C 的产生并不是由所发生的事件 A 所引起的，而是由想法 B 所产生的。只要个体对此事件的想法改变，那么情绪结果也会随之改变。

活动目标

1. 认识情绪和认知之间的关系，能够理解认知改变，情绪也会随之改变。
2. 了解艾理斯的情绪 ABC 理论的内涵。
3. 学会换个角度去看问题，从而消除自己的不良情绪。

活动构思

本节活动课分为六个环节，即导入、理论构建、故事接龙、主题活动、实践应用和总结。

第一环节——导入：出示几张颇有吸引力的图片，激发学生的兴趣，使学生明白换个角度看问题，自有另一番天地；

第二环节——理论构建：用一个生动有趣的故事引发学生思考即讨论，从而导出艾理斯的情绪 ABC 理论；

第三环节——故事接龙：用一个未完成的故事，让学生去续写，使他们体会到情绪 ABC 理论的价值；

第四环节——主题活动：用一个贴近学生生活的案例引发学生思考，引导他们从不同的角度去看同一个问题；

第五环节——总结：对本节课的体验进行总结，强化认知。

活动设计

环节	活动过程	设计意图
导入	出示几张图片，使学生明白：换个角度看问题，自有另一番天地。 （过渡语）是啊，同样的一幅图片，角度不同，会得出不同的结果。“横看成岭侧成峰，远近高低各不同。”自然界中存在着许许多多这种现象。在我们的社会生活中，也存在着这样的现象：从一个角度考虑，苦思冥想，不得其解；换个角度去思考，就会豁然开朗。正如：“山重水复疑无路，柳暗花明又一村。” 出示：“柳暗花明又一村——换个角度看问题”	吸引学生注意力，激发兴趣，营造愉快的氛围

（续表）

环节	活动过程	设计意图
理论构建	一皮鞋公司派了两位市场调查员到一个海岛去进行市场可行性调查。这个岛上的居民没有穿鞋子的习惯，男女老少一律打赤脚。不久，两位调查员分别向公司做了汇报。A 调查员神情沮丧地说道："此岛上的人都不穿鞋子，所以根本没有市场前景！"B 调查员神采飞扬、兴高采烈地说道："此岛上的居民都没鞋子穿，这里大有市场！" 小组讨论： ① A 调查员沮丧的依据是什么？ ② B 调查员兴奋的依据是什么？ ③ 通过 A、B 两位调查员的结论，你能悟出些什么道理？ （过渡语）相同的事件，评价不同会产生不同的情绪。心理学上有个情绪 ABC 理论，就是说明评价和情绪结果之间的关系的。 介绍：艾理斯的情绪 ABC 理论 当事件无法改变时，如果希望改变情绪状态，那首先要改变评价系统	用一个生动有趣的故事引发学生的思考和讨论，使他们认识到情绪并不是由事件本身引起的，而是与对事件的评价有关，从而导出艾理斯的情绪 ABC 理论
故事接龙	（过渡语） 故事接龙： 古时有一位国王，梦见山倒了，水枯了，花也谢了，便叫王后给他解梦。王后说："山倒了指江山要倒；水枯了指民众离心，君是舟，民是水，水枯了，舟也不能行了；花谢了指好景不长了。"国王惊出一身冷汗，从此患病，且愈来愈重。后来，有一位大臣参见国王，他做出了另外一番解释，国王听了全身轻松，很快痊愈。假如你是这位大臣，你将如何向国王解释？ （故事答案）一位大臣要参见国王，国王在病榻上说出他的心事，哪知大臣一听，大笑说："太好了，山倒了指从此天下太平；水枯指真龙现身，国王，您是真龙天子；花谢了，花谢结果子呀。"	故事生动有趣，可以激发学生的兴趣，使他们在本活动中体会情绪 ABC 理论的价值

（续表）

环节	活动过程	设计意图
主题活动	主题活动：区分 ABC 一向学习成绩很好的小明，期中考试成绩很不理想，竟然在班级排到了三十多名。他由于想法的不同会产生不同的情绪，请你们考虑一下，产生下列情绪（见附件二）相对的想法是什么	以一个贴近学生生活的案例，引发学生思考，让他们尝试用多种多样的思路去思考同样的事件，提高他们换个角度看问题的能力（见附件一）
总结	谈一谈，你在上完这节课以后的感受	强化

［附件一］　双歧图

［附件二］

A（事件）：期中考试成绩很不理想

B（想法）	C（情绪）	行为
	难过	哭、不吃饭
	懊恼	不敢尝试其他事
	担心	不敢与同学玩
	担心	不敢回家
	庆幸	下回注意，不再犯同样的错误
	平静	注意错误的地方，免得下回再错
	振奋	去念书
	高兴	更有兴趣念书

第二章　个体心理咨询

咨询方略

空椅子技术在心理咨询中的应用

空椅子技术是格式塔学派常用的一种技术，是使来访者的内射外显的方式之一。此技术运用两张椅子，要求来访者坐在其中一张，扮演一个胜利者，然后再换坐到另一张椅子上扮演失败者，而让来访者所扮演的两方持续对话。

空椅子技术本质就是一种角色扮演，让来访者去扮演所有的部分。通过这种方法，可使内射表面化，使来访者充分地体验冲突，而由于来访者角色扮演中能接纳和整合胜利者与失败者，因此冲突可得到解决。同时，此技术会协助来访者去接触他们潜藏在深处的情感，以及连他们自己都可能否定的一面；借此，他们将情感外显化，并充分去体验它，而非仅止于讨论。并且，此技术还可以帮助来访者去了解情感是他们真正的一部分。

两部分的对话，使人们内在的对立与冲突获得较高层次的整合，即学习去接纳这种对立的存在并使之并存，而不是要去消除一个人的某些人格特质。

笔者根据平时的教学经验，将空椅子技术分为三种形式。

一、空椅子技术的三种形式

（一）倾诉宣泄式

这种形式一般只需要一张椅子，心理辅导教师把这张椅子放在来访者的面前，假定某人坐在这张椅子上。来访者把自己内心想对她说却没机会或者没来得及说的话，表达出来，从而使内心趋于平和。这种形式主要应用于三个方面：

第一，恋人、亲人或者朋友由于某种原因离开自己或者已经去世，来访者因他们的离去，内心非常悲伤、痛苦，甚至伤痛欲绝，却无法找到合适的途径进行排遣。此时，心理辅导教师可以运用空椅子技术，让来访者向空椅子进行倾诉，表达自己对空椅子所代表人物的情感，从而使自己强烈的情感得以舒缓。

静和妈妈在一次外出途中遭遇了车祸，妈妈当场死亡，而静只是受了轻伤。她目睹了惨案发生的整个过程，内心充满了悲伤和恐惧。自从那以后，开朗的她脸上没有了笑容，情绪也变得起伏不定。她几乎每天晚上都要做噩梦，梦见血淋淋的场面，梦见肢体残缺不全的妈妈，因此经常从梦中惊醒，醒来以后呼吸急促，面色苍白。

当她来到心理咨询室的时候，心理辅导教师利用空椅子技术，让她想象自己的母亲正坐在那张椅子上，让她向母亲倾诉。当她倾诉以后，情绪平静了许多。

这种形式也可以用于对失恋者的咨询，或者可以应用于危机干预失败后，对相关人员的处理。比如，某个学生自杀后，给班级其他同学带来了阴影，此时，可以采用空椅子技术，让全班同学向他集体告别，以磨平内心的创伤。

第二，空椅子所代表的人曾经伤害、误解或者责怪过来访者，来访者由于各方面的原因，又不能直接把负面情绪发泄出来，郁积在内心。此时可以通过对空椅子的宣泄、指责，甚至是谩骂，从而使来访者获得内心的平衡。

有位名叫小军的同学，一次他看到几个男生欺负一个男生便打抱不平，上前劝说了几句。没想到那几个男生摩拳擦掌，对他挑衅，最后他们打起架来。政教处主任不问青红皂白地把他批评了一顿，并且根本不听他的解释。他感到很委屈，但是又无法向政教处主任发作。这时利用空椅子技术，假设政教处主任正坐在那张椅子上。小军大声地宣泄自己的情绪，并且批评政教处主任不去了解事情的真相。经过一番宣泄后，他的情绪逐渐平静了下来。

第三，空椅子所代表的人是来访者非常亲密或者值得来访者信赖的人，来访者由于种种原因，无法或者不便直接向所代表的人物倾诉。此时，可以让他向空椅子倾诉，宣泄出自己的情感，从而获得某种解脱。

小芳非常爱自己的妈妈，也非常信赖她。以前，一有什么烦恼或者不快，她都会向妈妈讲，讲了以后，会得到妈妈的支持或者安慰，心情就会平静下来。但是，最近妈妈到英国进修，小芳再也无法向妈妈讲这些烦心事了，因此情绪很低落。而小芳对心理辅导教师不太了解，不愿意把自己的小秘密告诉心理辅导教师。此时，心理辅导教师选择空椅子技术，让她单独向空椅子进行倾诉，效果无疑是非常好的。

（二）自我对话式

自我对话式，也就是自我存在冲突的两个部分展开对话。假如来访者内心有很大的冲突，又不知道如何解决时，心理辅导教师放两张椅子在来访者面前。来访者坐在一张椅子上，就扮演自己的某一部分，坐在另外一张椅子上，就扮演自己的另一部分，依次进行对话，从而达到内心的整合。

这种形式主要应用于两个方面：

第一，由于种种原因，来访者认为自己本应该做的事情，却没有做，引起了不好或者严重的后果时，产生了强烈的内疚感、罪恶感和自责心理。此时，心理辅导教师运用空椅子技术，让来访者自己与自己展开对话，从而降低内疚感。

王刚有一次看到一个小孩掉进河里，他准备去救，但是自己不会游泳，于是他就跑出去喊人。等到他把人叫来时，小孩子已经溺水而亡。从此以后，他的情绪极为低落，晚上常常做噩梦，自己也经常责怪自己，活得很不开心。心理辅导教师对他运用了空椅子技术，坐在一张椅子上时，让他想尽一切理由去责怪自己；坐在另外一张椅子上时，让他替自己没有施救的行为进行辩解。自我的两个部分展开激烈的对话：王刚也进行了深入的思考，最终他明白了，小孩的死责任并不在自己身上：假如自己去施救的话，没准把自己的命搭上，也救不了小孩。从此，他释然了，人也变得开朗起来。

第二，面对各种各样的选择很难下定决心或者处于人生的十字路口不知将何去何从时，来访者忧心忡忡，不知如何进行选择，因此逃避现实。此时，心理辅导教师运用空椅子技术，让来访者自己与自己展开对话，澄清自己的价值观，分析各种选择的利弊，找到解决问题的途径。

小云面临着即将到来的文理科分班，感到脑子一片混乱。选择文科吧，文科中历史、政治自己比较擅长，也比较喜欢；但是，她很讨厌地理，并且听说文科以后的就业面也比较窄。选择理科吧，理科中自己的理化成绩比较好，并且父母和班主任也极力劝说她选择理科；但是，她很讨厌生物。她躺在床上翻来覆去，睡不着……

心理辅导教师让她坐在椅子上展开心灵的对话：坐在这张椅子上，就把选择理科的好处和选择文科所有的坏处罗列出来；坐到另外一张椅子上，就把选择文科的好处和选择理科所有的坏处罗列出来……

（三）“他人”对话式

“他人”对话式，是自己和“他人”之间的对话。心理辅导教师放两张椅子在来访者面前，来访者坐到一张椅子上时，就扮演自己；坐到另外一张椅子上，就扮演他人，两者展开对话，从而可以站在别人的角度考虑问题，然后去理解他人。

这种形式主要应用于两个方面：

第一，来访者以自我为中心，不能或者无法去体谅、理解或者宽容他人，因此存在人际交往方面的困难却找不到原因。此时，心理辅导教师运用空椅子技术，让“自己”和“他人”之间展开对话，让来访者设身处地站在“他人”的角度思考问题，从而获得领悟，找到人际交往困难的原因。

小娟和好朋友小梅关系非常好，但是最近有了矛盾。小娟认为所有的责任都是小梅引起的，但是听了小娟的叙述后，心理辅导教师发现真正的原因在于小娟太以自我为中心。此时，心理辅导教师运用空椅子技术，让小娟依次扮演自己和小梅，展开对话，使她能够站在别人的角度思考问题。经过一番对话后，她决定向小梅道歉，主动和好。

第二，来访者存在社交恐惧，不敢或者害怕和他人交往。此时，心理辅导教师运用空椅子技术，模拟人际交往的场景，让来访者在这种类似真实的情境当中减轻恐惧和焦虑，学会或者掌握与人交往的技巧。

小刚非常内向，不善于交际。因此，他在寝室当中显得非常不合群。他也很想和寝室里其他几位同学打成一片，可是，在寝室，他害怕自己说不好会被别人笑话，或者伤害了别人的自尊心。因此，很多时候到嘴边的话，他也说不出来。心理辅导教师就摆放了六张椅子，分别代表小刚自己和其他同学，并且创设了一个情境，让小刚与他人展开对话，让他揣摩别人的心理，体会对方的心理状态，从而掌握交际技巧。

二、运用空椅子技术时，所要注意的事项

（一）运用空椅子技术之前，应该深入了解来访者的问题所在，看来访者是否适合用空椅子技术或者应该运用何种形式

并不是所有的问题都适合用空椅子技术，因此，在运用空椅子技术之前，一定要深入地了解来访者的问题所在，不要轻易对来访者的问题下结论。因为，有的来访者初次进行心理咨询时，对心理辅导教师还不够信任，往往先说出一些无关紧要的问题，来试探心理辅导教师值不值得信任或者心理辅导教师水平的高低。心理辅导教师只有在充分、深入地了解来访者的基础上，才能决定是否采用空椅子技术；并且也应该深入思考，对来访者运用哪种形式的空椅子技术，效果会更好一点。

（二）运用空椅子技术前，首先要营造出一种气氛

空椅子是不会说话、不会移动、无血无肉、没有感情的物体，因此，让来访者对它讲话，来访者可能觉得很滑稽，甚至觉得很无聊。可见，没有营造出一种气氛，直接让来访者对空椅子讲话，来访者肯定无法投入，甚至会不知所措。

所以，在运用空椅子技术之前，心理辅导教师一定要充分掌握空椅子所代表个体的详细情况；然后，告诉来访者，那个人就坐在这张椅子上，详细地描述他的表情、动作、声音等。教师要让来访者感到那个人是真真

实实坐在他面前，从而来访者才有话可说。

（三）心理辅导教师要引导来访者全身心的投入

来访者在初次接触空椅子技术时，感觉比较滑稽，甚至无聊，或者其他方面的原因，不愿意全身心投入活动中来。

此时，心理辅导教师要引导来访者投入，提醒他要设身处地站在另外一个角度或者他人的角度去思考问题。而来访者扮演“他人”的角色，往往会用第三人称的口吻讲话，此时心理辅导教师要求他用第一人称说话，并且要尽量去模仿“他人”的声音和动作。只有这样，来访者的体验才能够深入，获得的领悟也就比较深刻。

面质在心理咨询中的应用

面质，也称对质，也有称为对峙或对立，是指咨询师指出来访者自身存在的情感、观念、行为的矛盾，促使其面对或正视这些矛盾的一种语言表达方式。咨询师实施面质，并不在于向来访者说明他说错什么话，做错什么事，不是“指出错误”，而是“反射矛盾”。前者的重心落在纠正错误上，攻击当事人；后者的重心则落在讨论矛盾上，帮助当事人。有些来访者处于一种心理防御机制，不愿意承认自己的无能或失败，在谈及自己的问题时显得躲躲闪闪，不肯正视现实。面质的目的就在于协助来访者自我认识，鼓励他们消除过度的心理防御机制，正视自己的问题，从而使问题得到妥善解决。

心理辅导专家伊根指出：面质已日益成为心理辅导的核心部分，它促使来访者发现其言行中的种种自我挫败表现，并努力加以克服。面质的意义不在于否定对方、贬低对方、教训对方；而在于开启对方、激励对方，使对方学会辩证地看待当前所面临的问题。

因此，在心理咨询中运用面质是非常必要的。

一、面质的意义

（一）有利于澄清来访者情感、观念以及行为上的矛盾，使咨询师把握来访者真正的感受

有些来访者存在有意无意的防卫心理或者对自己的情感、观念比较模糊，因此，可能出现前后的言行或情感不一致，而这时咨询师需要使用面质，使来访者明确自己的言行或情感。只有这样，才能进行下一步的咨询。

访：我特别讨厌我班的一个男生，看到他，我上课根本无法集中注意力。

咨：你是说你很讨厌他，他影响了你的学习。

访：对啊，你说他为什么这么讨厌？

咨：能具体讲一下吗？

访：他也没有招我惹我，但我就是看着他不舒服。

咨：那你这种感觉是从什么时候开始的？

访：这学期开始吧，所以他一看我，我就用眼睛瞪他。

咨：那你以前对他的感觉是什么样的？

访：（脸红）我以前很喜欢他。

咨：你讨厌他也许是你喜欢他的另一种表现形式，对不对？

在这个案例中，本来来访者非常喜欢这个男同学，但是由于防卫机制的原因，她认为自己非常讨厌他；如果咨询师不能应用面质予以澄清的话，来访者无法集中注意力上课的根本原因就无法找到，咨询目标也就不可能达成。

（二）有利于来访者认识自己对人、事的理解和要求与现实间的差距，促使其自我思考，勇敢面对现实，从而做出行为或认知上的改变

有些来访者在认知上存在误区，他不愿承认现实，会躲在自己的精神世界里，不愿承认自己与他人之间的差距。这样做虽然免于他的自尊心受打击，但是从长远来看，有可能会给他带来更大的伤害。因此，咨询师需要应用面质，使他能够面对现实。

访：老师，最近几天感觉特别压抑。

咨：你是说这几天感觉很压抑，对吗？

访：是啊，单元考考得很差，不知道怎么办才好。

咨：由此产生心理上的落差，感觉很失落，又找不到很好的解决方法？

访：是啊，考试时，明明会的题目都做错了，并且做得很慢，如果不是这样，我想我不会考得这么差的。

咨：你是说正是这两个原因造成你这次考得比较糟糕，所以你感觉到心里很不平衡。

访：心里很不服气，凭什么初中时成绩比我差的同学现在比我考得好，都怪我太马虎了。

咨：你承认不承认，不管是马虎还是速度比较慢，都说明你对知识的掌握还不够扎实，对吗？

来访者刚从初中升入重点高中，大家原来都是佼佼者，因此，成绩下

降是在所难免的。但是来访者却不愿承认这是现实，尤其是初中成绩比自己差的同学现在都比自己好，给来访者带来巨大的心理威胁，这个时候他就开始逃避。咨询师如果不使用面质的话，会给他造成一种假象，并且会强化他的逃避心理，问题也无法得以解决。

（三）有利于来访者认识到自己认知方式与思维方法的误区，消除其认知方式中的某些片面性与主观性

正如认知行为疗法的主要代表人物阿隆·贝克所指出的，适应不良的行为与情绪都源于适应不良的认知。因此，行为矫正疗法不如认知疗法。可见，由于来访者在认知方式与思维方法上存在误区，会造成行为及情绪上的问题，但是来访者却认识不到这种误区。咨询师这时就需要应用面质，使其意识到问题所在，从而做出改善。

访：如果她主动向我道歉，我才会与她和好。

咨：你的意思是她如果先提出道歉，你才会与她和好。

访：是啊是啊。她伤害我太深……

咨：所以你难以原谅她，对吗？

访：是啊，作为好朋友，怎么能说出这种话……

咨：但是，你刚才提到，是你先伤害了她。

访：虽然是这样，但她不应该这样对我。

咨：假如你是她，你会怎么想？

访：（沉默）……

咨：你有没有感到自己把责任都推给了她，自己在整个过程中一点责任都没有吗？

来访者和自己的好朋友闹矛盾，她把所有的责任都推给好朋友，存在着明显的以自我为中心的思想。如果咨询师不指出她思维上的误区，她不但无法调整好自己的情绪，更严重的是在以后的生活中还会连连碰壁。

二、使用面质注意事项

（一）面质必须以良好的咨访关系为基础，以充分接纳来访者为前提

因为面质所涉及的问题对来访者来说可能具有刺激性，所以有一定程度的威胁性，有可能伤害来访者的自尊心，甚至导致危机的出现。有了良

好的咨访关系，来访者在理智上就不会把面质理解成是咨询师对他的一种攻击。

只有充分地接纳来访者，咨询师才能在面质中充满关怀，充满理解和真诚，降低或避免面质可能造成的伤害。

（二）面质要有事实根据，事件必须具体、明确

面质之前，咨询师必须仔细倾听来访者的叙述，充分把握各种信息，明确来访者差异与矛盾之处，这样才能做到有的放矢；避免事实不充分、不明显时使用面质，容易给对方造成小题大做、专门找碴的感觉，进而会影响咨访关系，影响咨询效果。

在使用面质时，咨询师必须具体明确指出语言与非语言信息、前后看法差异或矛盾之处。若咨询师不能明确指出差异或矛盾，学生可能会认为教师刁难而产生抗拒或争辩，教师应审慎觉察差异与矛盾的症结，让来访者心服口服。

（三）尝试、试探的态度进行面质，且应避免辩解

用尝试、试探的态度进行面质，会给来访者留有余地，使他在心理上容易接受，不至于产生逆反心理。咨询师用“不知道我的感觉对不对，你好像把责任都推给了她，自己是不是在整个事件当中一点责任都没有?”这种语气去面质，比“我认为你在这个事件中也应负一定的责任”这种语气要委婉得多，从而使来访者更容易接受，进而反思。

面质以后，来访者可能会寻找种种借口或者拒不承认，这时候咨询师不应辩解，而应该倾听来访者的叙述，寻找机会进行下一次面质。

（四）面质不宜一步到位，而应循序渐进地进行

即使充分地发现来访者心理上存在矛盾或误区之后，咨询师也不能一下子指出他的矛盾所在，否则会令来访者措手不及，无法从心理上接受，产生防御心理，矢口否认。咨询师要循序渐进，像层层剥笋一样，一一地令他接受，到最后就会水到渠成。

隐喻故事疗法辅导学生考试焦虑的实践与思考

所谓隐喻，就是用某一经验领域里的表达方式来表述另一经验领域里的事情。在心理咨询领域，最早把隐喻故事运用于治疗的是美国催眠治疗大师米尔顿·艾瑞克森，他通过各种隐喻与个案进行沟通，把要对案主说的话，用隐喻的形式藏在故事里。一个有疗效的故事，除了有沟通效果之外，还要符合以下三个主要条件：结构上的对等，故事的结构要和来访者困境的心理结构对等，这样的对等也许很明显，也许是隐藏的，同时要和案主的意识与潜意识沟通；行得通的解答，故事中要有一个“通路”，像是提供一个解答，这样的解答也许很明显，也许很幽微，即使案主的意识无法发现，案主的潜意识也会吸收；彻底的故事，故事中包含许多层面，涵盖多层次的意识和潜意识认知，案主在听故事的同时，意识和潜意识层次上都接收到了信息，通过和潜意识的沟通，咨询师巧妙地引导案主改变意识，充实正向自我能量。在这样的历程里，很多来访者的行为有了转变，人生有了转机。

一、期望目标过高学生的辅导

有些学生在考试即将到来时，给自己设定了一个很高的目标，明知自己根本无法达到，可是坚决不放弃。压力往往来源于现实和理想之间的距离，距离越大，压力也就越大，因此，在巨大的压力面前，这些学生往往容易产生考试焦虑。其实，这些道理他们也明白，但劝说他们降低自己的期望目标，往往收效甚微。隐喻故事疗法往往会给他们带来很大的触动。这时，心理辅导教师可以给来访学生讲一个《那根绳子》的故事：

有一个登山者非常痴迷登山运动，在经过多年的准备之后，开始了他的旅程。由于他希望完全由自己获得全部的荣耀，所以决定独自出发。他来到山脚下，开始向上攀爬，此时有些晚了，然而，他非但没有停下来准备露营的帐篷，反而继续向上攀登，直到四周变得非常黑暗。山上的夜晚格外黑暗，月亮和星星又刚好被云层遮住了，到处都是黑漆漆的一片，能见度几乎为零。即便如此，这位登山者仍然继续不断向上攀爬，可就在离山顶只剩下几尺的地方，他突然滑倒，而且迅速地跌落了下去。

在跌落并不断下坠的过程中，他一生的经历像电影一样，一幕幕地显现在他的脑海中。当死亡正在快速接近的时候，突然，他感到系在腰间的绳子重重地拉住了他，他整个人被吊在半空中。他一点办法也没有，只好大声呼叫："救救我!"

突然，天上有个低沉的声音回答他："你要是真的相信我可以救你的话，你就把系在你腰间的绳子割断。"

可登山者不敢放弃那根保全生命的绳子，仍然继续全力地抓住，他认为只有那根绳子是可以救命的。第二天，搜救队在山下发现了一个冻得僵硬的登山者遗体，在距离地面只有十尺的地方，登山者的尸体挂在一根绳子上，他的手还紧紧地抓住那根绳子。

听完故事，学生的触动比较大。这时，教师需要进行下一步的引导。

师：在这个故事中，你觉得自己和那个登山者有哪些相似的地方?

生：紧紧地抓住绳子舍不得放手。

师：最终怎么样，绳子救了他还是害了他?

生：前面多亏了绳子，否则他会摔死；但是，后来他不舍得放下，最终冻死在绳子上。

师：由此你会想到什么?

生：水能载舟，亦能覆舟，无论什么都要合理地加以利用。

师：嗯，你讲得很好。结合你目前的情况，对你有什么启发?

生：合理的目标会给自己的学习带来动力，过高的目标会给自己带来过大的压力，甚至形成阻力。我好像有点明白了。

师：那接下来你应该怎么做呢?

生：老师，我明白了，要学会放弃。

……

隐喻故事往往比较生动有趣，直接进入来访学生的潜意识，和潜意识进行沟通，起到"四两拨千斤"的作用。

二、担心考试失败学生的辅导

有些学生的考试焦虑是由过度担心考试失败引起的，担心自己成绩考差了父母会责怪，或者感觉对不起父母；害怕被同学嘲笑，或者被人瞧不起；害怕被老师批评，或者感觉对不起老师；等等。这些担心忧虑的情绪令他们坐立不安、忧心忡忡，以至于影响到他们的考试发挥。面对这样的学生，教师可以给他们讲一个《人生的两个选择》的故事：

美国加利福尼亚州有位刚毕业的大学生，在2003年的冬季大征兵中他依法被征，即将到最艰苦也是最危险的海军陆战队去服役。这位年轻人从获悉自己被海军陆战队选中的消息后，便显得忧心忡忡。在加利福尼亚大学任教的祖父见到孙子一副魂不守舍的模样，便开导他说："孩子啊，这没什么好担心的，到了海军陆战队你将会有两个机会，一个是留在内勤部门，一个是分配到外勤部门。如果你分配到了内勤部门，就完全用不着担惊受怕了。"

年轻人问爷爷："那要是我被分配到了外勤部门呢？"

爷爷说："那同样会有两个机会，一个是留在美国本土，另一个是分配到国外的军事基地。如果你被分配在美国本土，那又有什么好担心的？"

年轻人问："如果被分配到了国外的军事基地呢？"

爷爷说："那也还有两个机会，一个是被分配到和平友善的国家，另一个是被分配到维和地区。如果把你分配到和平友善的国家，那也是件值得庆幸的好事。"

年轻人问："爷爷，要是我不幸被分配到维和地区呢？"

爷爷说："同样还有两个机会，一个是安全归来，另一个是不幸负伤。如果你能够安全归来，那担心岂不多余。"

年轻人问："要是不幸负伤了呢？"

爷爷说："你同样拥有两个机会，一个是依然能够保全性命，另一个是完全救治无效。如果尚能保全性命，还担心它干什么呢。"

年轻人再问："那要是完全救治无效怎么办？"

爷爷说："还是有两个机会，一个是作为敢于冲锋陷阵的国家英雄而死，一个是唯唯诺诺躲在后面却不幸遇难。你当然会选择前者，既然会成为英雄，有什么好担心的。"

讲完故事以后，教师需要对学生进行下一步的引导。

师：这个故事对你有什么启发呢？

生：任何事情都有两面性，不好的事情里面也隐含着良机。

师：是这样的。你一直担心自己高考发挥失常，发挥失常会给你带来哪些不利影响呢？

生：最主要的是我感觉对不起父母，他们操劳一生就希望我能考上一个好的大学，万一考不好了……

师：万一考不好了，会怎样？

生：我不敢去想。

师：根据你目前的成绩，高考最坏的结果会是怎样的？

生：上不了一本，只能上二本吧。

师：面对这种情况，你的父母会有什么反应？

生：他们还能怎样？也只能接受了吧。

师：那你自己会有什么反应呢？

生：我会在本科阶段认真学习，争取考研的时候再考一个理想的大学。

师：结合刚才讲的那个故事，你会有什么启发呢？

生：天无绝人之路，每件事情都隐含着好坏两种机会，我们要善于发现并抓住好的机会。我发现考不好并不完全是坏事，可能会激励我更加努力学习。而且我以前一直担心会考不好，但从来不敢去想这个结果是什么，今天你让我想了以后，我反而感觉到内心平静了。

三、无法专注学习学生的辅导

有些学生的考试焦虑并非某一种特定的担心引起的，他的担心可能是多方面的：有时会担心自己发挥不好被人瞧不起；有时又经常想着自己过高的期望目标；有时还会担心高考后志愿如何填报……总之，这些学生由于过于重视考试结果，造成想法很多，没办法把注意力集中在学习上，快到考试的时候，又开始后悔自己平时不努力学习。面对这样的学生，教师可以讲一个《瓦伦达的最后一次表演》的故事：

瓦伦达是美国著名的钢索表演艺术家，以精彩而稳健的高超演技闻名。他从来没有出过事故，因此，当演技团要为重要的客人献技时，决定派他上场。

瓦伦达知道这一次上场的重要性：全场都是美国知名的人物，这一次成功不仅仅将奠定自己在演技界的地位，还会给演技团带来前所未有的支持和利益。因此，他演出前一直在仔细琢磨，每一个动作、每一个细节都想了无数次。

演出开始了，这一次他没有用保险绳，因为许多年来他没有出过差错，他有100%的把握不会出错。但是，意想不到的事情发生了，当他刚刚走到钢索中间，仅仅做了两个难度并不大的动作之后，就从10米高的空中摔了下来，一命呜呼。

事后他的妻子说："我知道这次一定要出事。因为他在出场前就这样不断说'这次太重要了，不能失败'。在以前每次表演，他只是想着走好钢丝这事的本身，不管这件事可能带来的一切。"

讲完故事以后，教师需要引导学生进一步探索与思考。

师：瓦伦达为什么会在最后一次表演的时候失足坠落？

生：他太看重这次表演了，所以压力很大，表演的时候可能有点心不在焉。

师：看重的事情一定能做好吗，为什么？

生：不一定，可能会带来过大的压力，适得其反。

师：对我们高考有什么启发？

生：我们和瓦伦达一样，水平已经在那里了，我们只要把注意力放在脚下，一步一个脚印，就可以顺利地到达终点。如果我们只盯着目标，可能会疏于脚下，反而会造成灾难性的后果。

四、思考

（一）要引导学生在故事和自己的困境之间建立连接

隐喻故事疗法并不是讲完故事就可以了，教师一定要引导学生在故事和他自己的困境之间建立连接，只有建立了这种连接，才能启发他对自己的困境深入思考，然后获得领悟。

（二）隐喻故事不能讲得太直白

因为隐喻带着一些隐秘，不至于引起来访学生的反感。如果故事太直白，就变成了讲大道理，可能会引起学生的阻抗，无法达到想要的辅导效果。

（三）隐喻故事可以稍加改动

虽然同样是考试焦虑，每个学生的具体表现和形成原因并非相同。在对不同的学生运用隐喻故事疗法时，教师要根据学生的具体情况灵活运用，可以对隐喻故事稍加改动，以便对学生有更大的触动。

（四）隐喻故事疗法可以和其他方法、技术相结合

为了达到更好的辅导效果，隐喻故事疗法可以和认知行为疗法、系统脱敏疗法、焦点解决短期治疗等方法和技术相结合，帮助学生更快更好地缓解考试焦虑，提高应试自信心。

案例分析

自信的女孩最美丽

——高中生体像意识障碍的个案辅导

吴娜（化名）是和妈妈一起来的。据她妈妈介绍说，吴娜这几天说什么也不去上学，她在家里经常站在镜子前面，东瞅瞅，西看看，不时地发出一声叹息，好像有心事的样子，每天都闷闷不乐。

妈妈问她怎么了，她也不吭声。问急了，她便怒气冲冲地说："都怪你，把我生得这么难看。"

妈妈说："你哪里难看啊，五官这么标致，女大十八变，越变越好看，再过两年你就会更漂亮了。"

"哼！别安慰我了，我长啥样，自己不知道啊……"吴娜一边说，一边哭着跑到自己房间里去了……

听完她妈妈的讲述以后，我让她妈妈先到外面走一走，然后让吴娜进来，请她坐下。

我天天晚上都在做噩梦

吴娜坐在我的侧前方，头压得很低，好像做错了什么事一样。为了缓和气氛，我说道："这里是辅导室，老师非常愿意帮助你，你可以放轻松一点，好吗?"

这时，她头抬了一下，可以看出来她长得很清秀，正像她妈妈说的那样"五官很标致"，皮肤也很白皙。但是她却愁眉紧锁，眼光里闪露出一丝忧郁，头抬起，然后又迅速低下，额前长长的刘海把右脸遮得严严实实，几乎看不到她的表情。

"你好像有什么心事，能给老师说一说吗?"我继续引导她。

"老师，我真的很烦……"她欲言又止。

"你感到很烦恼，我很想知道是什么原因造成的。"

"我觉得自己长得很难看，还有一些同学经常嘲笑我，我真的受不了了。”说完，她便掩面哭泣起来。

等她哭完，抬起了头，我便问她：“既然你觉得自己长得很难看，那你对自己身体的哪一部分感到不满意呢?”

“没有哪一部分是令我满意的。眼皮不是双的，眼睛也不大，鼻子太矮了，这些还马马虎虎可以接受。最令我无法接受的是这个胎记，长在哪里不好，偏偏长在脸上。”她一边说，一边撩起自己的头发，把她脸上的胎记指给我看。

她的这块胎记长在右脸眉毛的右上侧，靠近发际的地方，大概有壹圆硬币那么大，呈现出深红的颜色，与周围的皮肤形成了鲜明的对比。

在她小的时候，胎记小一点，可是随着年龄的增长，这块胎记也越来越大。于是，她在初中的时候，便留起长长的刘海，把它遮盖起来，初中的同学都没有发现她的秘密。上了高中以后，她还是采取这种策略，男生看她天天把右脸遮得严严实实，并且还经常低着头走路，于是给她取了一个外号——“梅超风”。

她知道了以后，在学校里就更加小心了，生怕被同学们看出来，被他们嘲笑。但是，意想不到的事情还是发生了。有一次，她在寝室洗头的时候，正好被同寝室的一位同学看到了。同学说：“原来你这里有块胎记啊，难怪都把右脸遮上!”……

自从那次以后，她几乎天天晚上做噩梦，梦中有一个异常丑陋的老太婆，指着她的胎记对她说：“你比我还丑，你比我还丑……”

讲到这里，她又潸然泪下。我对她进行了一番安慰以后，看她的情绪逐渐平静下来了，于是便将这次辅导做了个小结，并和她约定了下次辅导的时间。最后，我还给她布置了一个作业，那就是让她找出对自己长相方面所有不满意的地方，并把它写在纸上，然后用“虽然……，但是……”造句。我还给她举了一个例子：虽然我长得比较胖，但是我很健康。

世界上没有两片相同的树叶

第二次辅导的时候，我们直接从上次留的作业开始。吴娜对自己长相方面不满意的地方很多，写了很多条。比如“虽然我的眼睛不大，但是却很有神”，“虽然我的鼻子不够高，但是和其他部分比较协调，显得挺可爱”，“虽然我的脸形不是我梦想中的鹅蛋脸，但是皮肤还不错”……

其他的造句都完成了，但还有一句只完成了一半，这句位于所有句子的最上方，那就是“虽然我脸上有块胎记，但是……”，看来她还是对脸上的这块胎记耿耿于怀，不能释然。

“其他方面的不完美你都可以接受，但是对于这块胎记你仍然无法接受，是吗？”我向她问道。

她点点头，一言不发。

吴娜的这种行为表现在心理学上被称为体像意识障碍，是指个体躯体外表在客观上并不存在某种缺陷，或者只有极其轻微的异常，但因其主观的消极想象，便自认为自己的外表存在很大的问题，并由此产生自卑、烦恼等心理。

存在体像意识障碍的学生，平时非常注意别人对自己体貌的评价，时常为自己的外貌而痛苦，因此会对外界事物失去兴趣，甚至会严重影响到自己的社会功能。由于认知的错误，他们不敢见同学，不敢出门，脾气、性格变得越来越封闭。他们一般采取回避与人交往的策略，特别是会回避与异性交往，有时甚至会出现拒绝上学的退缩行为。

而吴娜已经表现出典型的体像意识障碍特征，她不但回避与人交往，目前也拒绝上学，看来我应该让她意识到自己的问题之所在。

于是，我便说道：“其实这块胎记并没有对你的外貌造成什么不好的影响，因为它藏在发际处，即使你不故意遮盖它，有时别人也很难发现。”

“老师，你说的是真的吗？”她有点怀疑我的说法。

“当然是真的，之所以你会非常在意它，是因为你现在拿着一个大号的放大镜在观察它，于是你就会发现，越看越难看，问题就会显得越来越大，其实问题远远没有你想象的那么严重。”

“是吗？”她有点相信我的说法了。

“与其说你的烦恼是因为胎记引起的，还不如说是自我的。心理学上把你这种行为表现称为体像意识障碍，就是指一个人把自己外表上并不存在或者程度轻微的缺陷看得很严重，甚至认为自己无法见人，从而把自己封闭起来。”我继续向她解释。

“还有这样的心理疾病?!”她像发现了新大陆。

“准确一点说，还没严重到心理疾病的地步，只能称为心理问题。”我怕她给自己贴上“心理疾病”的标签，从而引发更严重的问题，便向她澄清概念。

这个时候，我向她讲述了著名主持人李霞的经历：

李霞是圈内外公认的美人，然而小时候的她很为自己的长相苦恼。她曾这样描述自己：上初中的时候，每次拿到电影演员龚雪的画报，我就幻想着如果有一天有了钱，要整容成龚雪的样子；后来又迷上了李嘉欣。慢慢地，我发现很多人认为我这种类型的长相也是很漂亮、很可爱的，才逐渐接受了自己。上帝把每一个人都设计得很奇特，世界上没有两片相同的树叶，当你发现自己与众不同的地方，你就会觉得自己真的很美丽。

“是啊！世界上没有两片相同的树叶，当你发现自己与众不同的地方，你就会觉得自己真的很美丽。”她重复这句话，若有所思。

这个时候，我又向她讲解了合理情绪疗法的相关理论，让她意识到：有时候，换个角度看问题，便会柳暗花明又一村。当我们无法改变现实的时候，改变想法就能改变情绪。

看时机差不多成熟了，我向她提出了两个建议：第一，从明天起，要回到学校上学；第二，要把上次没有完成的作业做完。

那块胎记像一朵淡雅的花

第三次来辅导室的时候，她的情绪明显好多了。她高兴地说：“老师，我不但完成了作业，而且是超额完成的。”说着，她便将一张纸递了过来。

我接过这张纸，是上次的有关造句的作业，上面总共有五句话，都是有关“胎记”的。那五句话是这样写的：

虽然我脸上有块胎记，但是很幸运，因为它长在了发际处，而不是脸中央；虽然我脸上有块胎记，但是很幸运，因为它只有硬币大小，而不是像碗口一样大；虽然我脸上有块胎记，但是很幸运，因为它只有一块，而不是像雀斑一样长满了脸；虽然我脸上有块胎记，但是很幸运，因为它并不像病痛一样会给我带来痛苦和不便；虽然我脸上有块胎记，但是很幸运，因为它并不影响我的美丽。

看了她写在纸上的五句话，我真的为她感到骄傲，我本来还想引导她，看来已经完全没有必要了。于是，我向她提出了一个建议：“其实你完全没有必要遮遮掩掩，剪掉刘海可能会更好。”

过了几天，她又来到辅导室，从她的表情看来，不像是过来咨询的。

她非常骄傲地告诉我，同学们都说那颗胎记长得真好，像插在发际的一朵淡雅的小花。

也许自信的女孩才是最美丽的！

问题延伸

高中生为什么会产生体像意识障碍呢？首先，由于他们的自我意识得到了更为充分的发展，而身体形象又在自我意识中占有很重要的地位，他们会觉得这决定着自己在同龄人（特别是异性同龄人）中的威信和印象，容不得有半点的差错；其次，高中阶段的学生一般都有自己心仪的异性，这时他们会格外在意自己的形象和心中暗恋的异性对自己的评价；再次，一些人片面放大了自己的长相“缺陷”，比如有的学生过分在意青春痘，整天照镜子，越照越没信心；最后一个原因就是由于某些媒体的误导，很多中学生习惯于用广告、电视里天天亮相的靓女帅哥作为自己体貌体形对比的标准，结果越比越没信心，就会产生自卑心理。

那体像意识障碍会对高中生造成什么样的不良影响呢？

体像意识障碍往往会造成高中生情绪持续低落，不但会影响他们的学习成绩，还会影响他们的人际关系等，主要表现在以下几个方面：

第一，体像意识障碍会分散中学生的注意力，影响学业成绩。曾有一个男生给我来信说道：我今年 18 岁了，才 1 米 65，以前还没有太介意自己的身高，慢慢地开始从别人的嘴里听到“你好矮呀”“有的女生都比你高”诸如此类的嘲笑，开始还没有觉得什么，笑一笑就算了，到了后来就开始受不了了，还有几次因此和同学闹翻了。看到同班的男生个子都很高，最高的接近 1 米 9，我好羡慕啊！这一段时间，我上课都不能集中精力，常常会走神，想象自己一夜之间长高了很多，很多男生都投来羡慕的目光，很多女生都向我暗送秋波。因此，成绩也直线下降……

第二，体像意识障碍会使中学生产生强烈的自卑感，从而影响自己的人际关系。我接触过一个女生，其实长得并不难看，起先她只是抱着一种自我欣赏的态度照镜子的，但日子一久，她开始对自己的相貌抱怨起来。她发现自己的五官都“不甚理想”：眼睛过小了，而嘴巴又太大……这样每日照镜子不是孤“相”自赏而是自怜了。她埋怨父母把不良的基因遗传给了自己，让自己无“脸”见人。为此，她心中总升起一阵阵惆怅和自卑，并且不敢和男生交往，和女生交往的时候又非常敏感，经常疑神疑鬼，动不动就发脾气，吓得女生都不敢和她交往……

第三，体像意识障碍使高中生对自己的身体评价水平较低，从而导致生活满意度的降低。个别对自己的身体形象极不满意的学生，还会采用各种方法节食，控制体重，结果导致自己食欲不振、营养不良。

那我们应该如何来关注学生，及时发现并消除学生的体像意识障碍呢?

体像意识障碍在中学生当中的存在是比较普遍的。一位心理学家请中学生对自己进行评价，结果95%以上的学生对自己的相貌和身材不满意，而当研究人员对测试录像进行研究时，发现98%以上的参与测试者发育正常、身体健康，相貌也说不上“丑”。

因此，教师应该随时关注学生，不能感觉到学生长得比较“帅”、比较“漂亮”，就误认为他们不会产生体像意识障碍。恰恰相反，有很多在旁人看起来长得比较“帅”、比较“漂亮”的孩子，也会产生严重的体像意识障碍。

体像意识障碍是高中生当中普遍存在的一种心理困惑，要想帮助学生消除这种意识障碍，就必须先了解当事人的几种认知特点：第一是缺陷放大。高中生往往把自己身体某部分存在的缺陷无限放大，哪怕只是一点点的缺陷，甚至在外人看来根本算不上缺陷，他们也会感到不满意。所以，他们会感到强烈的不满足感，希望能够想尽一切办法消除这种缺陷。第二是情感压抑。存在体像意识障碍的高中生，因为引起原因缺乏指向性，所以，他们不可能把这种情绪一下子爆发出来，往往是压抑在自己的内心。于是，教师在初期很难发现他们的不良情绪，从而导致体像意识障碍持续时间比较长。第三是弥补心理强烈。虽然他们把这种不良情绪压抑在内心，使别人很难发现，但是他们希望弥补缺陷的心理却是非常强烈的。对自己身高不满意的高中生，会想尽办法使自己增高；认为自己身材太胖的高中生，也会想尽一切办法来减肥，甚至不在意方法是否科学。教师了解了存在体像意识障碍学生的上述认知特点，才可以对学生进行科学的指导。

那么，教师具体应该如何去做呢?

首先是利用补偿心理，帮助学生超越自卑。补偿心理是一种心理适应机制，即一个人在适应社会的过程中总会有这样那样的偏差，人往往从心理方面寻找出路，寻求得到补偿。一个人自卑感越强，寻找心理补偿的愿望也就越大。一个人为了补偿自身的生理缺陷，所以发展自己的特长、优势，在其他方面超过别人。按照著名心理学家阿德勒的说法：人在面对一个无法适当应付的问题时，表现出的没有信心解决这一问题的情绪就叫自卑情绪。人总要克服这种自卑情绪，力求表现出一种优越感，来弥补心理损失。个人生理缺陷和不幸遭遇等因素往往引起人的自卑感。人要活得更充实，就需要在事业上有所成就，来弥补自卑心态，获得心理满足。其次是进行认知调整。比如教师可以讲名人故事，增强学生信心。古今中外，身体上虽然存在种种缺陷，但是却取得事业成功的名人比比皆是。通过认知调整，教师应该让学生明白，一个人想要赢得别人的尊重、钦佩或爱慕，仅靠漂亮的外表和魁梧的身材绝对是不行的，他必须使自己具有真才实学和一颗美丽的心灵。

蜕变·飞升

——一例病理性偷窃的个案辅导

2006年1月的一天，天空飘着小雨，天气寒冷而潮湿。政教处王老师打电话过来说，有一个学生偷东西，被发现了，他感觉可能有点心理问题，让她过来跟我谈谈。

没过多久，一个女生便推门而入，她便是张红（化名）。她个子不高，身体微胖，两只眼睛红红的，可能刚刚哭过。我请她坐下，然后倒了一杯水给她。她还没开口，眼泪便噼里啪啦地掉了下来。

我想这下完蛋了

“老师，求求你，千万不要让学校处分我，我现在高三，否则就完蛋了。”

“我会尽力帮助你的，能告诉我到底发生什么事情了吗？”

张红断断续续地向我叙述着，我了解了事情大概的经过。前一段时间，她拿了同学的一个“文曲星”电子词典，便藏了起来。过了一段时间以后，看那个同学没有什么反应，她便偷偷地拿出来给自己用。没想到，第一天就被那个同学发现了，他一眼就认出这个“文曲星”是他上次丢的那个。张红还不愿意承认，一口咬定是自己买的。那个同学一把夺过来，翻到记事本部分对她说：“既然是你自己的，那你输入你的密码让大家看看。”她哑口无言了……

“当时你的感受是什么呢？”我用及时化技术让她表述自己当时的感受。

“全班同学都看着我，顿时我只觉得脑袋‘轰’地一下，像要裂开似的。我感到无地自容，恨不得找个墙缝钻进去。”

“当时你是怎么想的呢？”

“我想这下完蛋了。”

“为什么会这么想？”

“一个是怕学校处分我，不让我参加高考，那我就前功尽弃了；另外一个是怕同学再也不理我了。”

“你害怕学校处分你，对你参加高考产生影响；还害怕同学们都不理你，令你孤立无援，对吗？”我适时适度地向她表达了我的同感。

“是啊。同学们已经原谅我一次了，他们绝对不会再原谅我的。”

“是吗？以前也发生过类似的事情吗？”

“嗯。高一的时候，我拿了同学的衣服，结果被同学发现，但是后来他们原谅了我。老师，其实我也不想拿他们的东西，只是有时控制不住自己。”

“你想控制自己，但是，有时你的理智无法战胜自己的情感。除了这两个同学外，你还拿过其他人的东西吗？”

她略有所思，然后犹豫地说道：“经常拿，因为都是小东西，可能大家不注意罢了。我经常会拿同学的笔、圆规之类的文具。有时看到没人，心里便会有一种莫名的冲动，就想拿，根本就控制不住自己；拿了以后有时又后悔了，便偷偷地放回去。”

“你能记起你第一次拿别人的东西是在什么时候吗？”

“大概六七岁的时候吧，我拿了家里10块钱，结果被爸爸狠狠打了一顿，所以直到现在我还记忆犹新。我爸爸一直以为从那时起，我再也不偷了，所以老师你要帮帮我，千万不要让我家人知道。我爸爸知道了，他会气死的。”

“这些问题，我会替你考虑的。由于时间关系，我们今天先聊到这里好吗？明天中午你再过来。”

这次咨询的结束有点仓促，并不是没有原因的。当然时间是一个原因，另外一个原因就是我第一次碰到这类问题，不知道如何鉴定以及如何制订咨询计划，我需要时间来思考和查找资料。

我以前对“偷窃癖”有一点了解，但是并不明白它的诊断标准是什么。而诊断结果的确定，不但影响着我的咨询计划，而且对学校下一步对此事的处理也有很大的影响。因为如果是“偷窃癖”，学校可能不会处分或者会暂缓处分她；如果不是“偷窃癖”，那么学校肯定要处分她，而且可能会通知家长。

于是，我开始查找资料，终于找到了有关“偷窃癖”的资料。其实，“偷窃癖”只是俗称，心理学上称之为“病理性偷窃”，是指病人有难以控制的偷窃欲望和浓厚兴趣，并有偷窃行动前的紧张感和行动后的轻松感。偷窃的目的不在于获得经济利益。

它的诊断标准如下：

（1）自己诉说具有难以控制的强烈偷窃欲望，虽然努力自控，但不能停止偷窃；

（2）专注于思考或想象偷窃行为或有关情境；

（3）这些偷窃发作没有给个人带来收益，或尽管对自己的社会、职业、家庭的价值观和义务均有不利的影响，仍然偷窃；

（4）在1年中，至少有过3次偷窃。

我一边认真地读着诊断标准，一边想着张红的症状表现。经过仔细对照和核对，我认为张红的症状表现完全符合病理性偷窃的四条标准，因此，我诊断她为病理性偷窃。

确诊以后，我和学校领导取得联系，说服他们暂缓处分张红，并先不通知家长。

我的虚荣心很强

张红又来了。我向她说明学校决定暂时先不处分她，也不会通知其家长。她笑了笑，但是看起来很勉强。

有了昨天的铺垫，我们很快就进入了正题。

"你拿别人东西的动机是什么，是自己真的需要吗？"

"不一定。我觉得自己的虚荣心很强，别人有的，我一定要拥有。从小就这样，我不但要求自己的成绩出类拔萃，而且任何事情都不能落在别人的后面。因此，看到别人穿了好衣服，用了好的文具，我就有一种强烈的嫉妒心理，非常希望自己也能拥有。但是，我家里的条件并不怎么好，不可能什么都给我买，因此，我只能通过这种方式来获取自己喜欢的东西。"

我一时不知该如何回应。一个有强烈占有欲的人，当她不能以合理合法的渠道获得自己的所爱时，铤而走险成了她的必然之路。那么她的这种心理又是如何形成的呢？

"你有没有想过，你这种心理是如何形成的呢？"

"可能和父母的教育有关吧，爸爸妈妈一直教育我要事事争先，任何事绝对不能落在别人的后面，这种思想在我大脑里可以说是根深蒂固的。”

可怜天下父母心。我们的父母都是望子成龙、望女成凤，总是希望自己的孩子在任何方面都能够出类拔萃。但是，他们不知道这种沉甸甸的希望致使孩子背负了太多的压力，甚至会造成他们人格的扭曲。

人有虚荣心，也有耻辱感。当虚荣心战胜耻辱感时，人便会铤而走险；当耻辱感战胜虚荣心时，人便会约束自己的行为。于是，我决定从激发她的耻辱感入手。

我让她躺在放松椅上，引导她进入全身放松的状态。我接着暗示她：“想象一下，现在你在教室里，只有一个人。你身边的桌子上放着一个‘文曲星’，你现在的想法是什么？”

“我很希望得到，但是我要控制自己。”

“好。继续，想象你拿起了那个‘文曲星’，正要塞进自己的书包。忽然，你身边一下子冒出了很多人，里三层，外三层，团团将你围住。你现在的感觉是什么？”

“我觉得自己很紧张，脸很烫，像发烧了一样。”

“好。继续，想象着这些人都盯着你，眼光中流露出不屑、愤怒、同情……他们大声地向你叫喊着，他们都在说什么？”

“说我不要脸。”

“还有……”

“说我是小偷——说我是败类——说我不知羞耻……”

两滴泪珠从她的眼角滚落，我知道她内心在做着激烈的斗争。我令她停止想象，然后引导她从头到脚做了一遍放松。

我让她分享想象以后的感觉，她说自己胸很闷，头也很疼，想回去休息。我和她商定好下次咨询的时间，便让她回去了。

我不能原谅自己

第二天一大早，张红的班主任包老师就打电话过来，非常焦急地说：“刘老师，张红拿刀把自己割破了。”

“怎么回事，严重吗，现在怎么样？”我被吓得惊出一身冷汗。

原来，昨天晚上晚自修以后，大家陆续回到寝室。张红拿出一把水果刀，大声说：“以后我再也不拿别人的东西了。”说完，她便狠狠地向自己的手指砍去，顿时鲜血涌了出来，把其他女孩子吓得魂飞魄散……

我陷入了沉思，是不是我采用的方法不当导致了她采取这种极端的方式，难道是我错了吗？根据她的行为来说，她并不是想自杀，想自杀不会采取这种方式；那么，她是想通过这种方式表达自己的决心吗？一个想悔过自新的人，往往会采取极端的方式向其他人表明自己的决心，难道耻辱感这么快就产生了作用？

她很快来到了咨询室，脸色很苍白，左手的食指上缠着纱布。

“严重吗，是不是失血很多啊？”我指指她的左手。

“不太严重，其实也就破了一层皮，没流多少血。”她冲我尴尬地笑了笑。看来她脸色苍白并不是失血过多造成的，可能是昨晚没有睡好。

“昨天晚上怎么回事？”

“我觉得对不起同学，我不能原谅自己。”

“你觉得不能原谅自己，所以用这种方式来惩罚自己，对吗？那你现在原谅自己了吗？”

“我一辈子都不可能原谅自己。”大滴大滴的泪珠从她的眼角滚落下来。

我没想到耻辱感竟然这么快地在她身上发挥了作用，并且让她产生了深深的自责。自责心理让她否定自己，看来我下一步的重点是要帮助她接纳自己了。

“那你希望同学们能原谅你吗？”

“希望。”她的眼睛里掠过一丝光芒。

“一个自己都不能原谅自己的人，别人又为何应该原谅你呢？”她低下了头，一言不发。

“如果每个人都不能原谅自己的过错，那么人类早就灭亡了。”我继续说。

“为什么？”她有点迷惑不解。

“早就自杀光了。”

“你的意思是不是每个人都会犯错误？”她若有所思。

“嗯！吃一堑长一智，犯错误并不可怕，关键是犯了错误以后，能够总结经验，吸取教训，为自己的成长打下基础。从大的方面来讲，人类的发展史其实就是人类的试误史，人类在不断犯错误的同时，也积累了经验，发展了自己的智慧！”

“那这个事情会不会成为我人生的污点？”

“污点？可能还不只是污点，如果你因为这件事一直耿耿于怀，不能原谅自己的话，它会令你停步不前，令你抬不起头，那么它就成了你的绊脚石。如果你能原谅自己，不断地完善自我，它不过是你人生中一个传奇般的经历。”

“对呀！我不能一直背着这个沉重的包袱，它会压得我喘不过气来。”

“不要说我们，哪个伟人没有犯过错误啊，但是这些错误也许并不影响他们的伟大。不过很多传记都将伟人‘神话’了，一般都是这样的：一个风雨交加的夜晚，突然一声炸雷，某某某出生了。然后，便是描写他从小是如何聪慧过人，如何完美无缺……其实，伟人的成长史也是伟人的试误史，他们也会犯很多的错误，他们的成长过程中也充满了烦恼和痛苦……”

她的眉头渐渐地舒展开来……

我希望能有朋友

上次咨询以后，寒假便开始了。

2006 年 3 月，新学期开始了。

她又一次来到心理咨询室，满面愁容。

原来，上次偷窃事件发生以后，家长的意见就很大，纷纷要求政教处把张红调到其他寝室。政教处做通了家长的思想工作，让张红留在了原来的寝室。但是，那一次割手事件发生以后，家长的意见就更大了，担心她再做出极端的行为，伤害到自己的孩子，因此，他们一致要求将张红调出去。

政教处在巨大的压力面前，不得不将张红调离原来的寝室，安排她和宿舍里的生活指导师住在一起。原来在一个寝室时，大家抬头不见低头见，其他人虽然不跟她讲话，但是偶尔还会向她点一下头。现在可好了，大家见了她，不但不和她打招呼，而且还会转过头去，当作没看见。

“老师，你能理解这种滋味吗？没有一个人跟我说话，每天我独来独往，感觉自己像行尸走肉一样。心中有了苦恼，也找不到人诉说，我真的希望能有个好朋友。”说着，她的眼圈又红了。

第一次偷东西被发现以后，大家原谅了她；第二次，大家说什么也不肯原谅她了。于是，她像班级里的一个异类，没有人和她打招呼，没有人和她讲话，大家都像躲祸水一样躲着她。而她见到的还是熟悉的面孔，但是大家却形同陌路。其他同学之间的亲密和友善的言行不时地刺激着她，令她备受煎熬。

“我能体会你的心情，换上我也会很痛苦的。但是，痛苦不能解决任何问题，你有没有想过办法来改变目前的处境。”我希望能够引导她主动去改变自己的处境，而不是一味被动地忍受。

“我被他们孤立了，我不知道该如何去做。”

“你一直在等待着大家原谅你、接纳你，等待着他们主动地向你伸出橄榄枝，对吗?”

“嗯。我希望能和以前一样，大家友好相处。”

“那你觉得这样一直等下去，会出现你希望的结果吗?”

“老师，我明白了，你的意思是不是让我主动地去接近他们啊?”

我点点头，还没来得及说什么，她已经匆匆地离开了。

下午四点多钟的时候，她一脸懊恼地走进咨询室，对我说：“老师，你教我的方法不管用!”

“为什么?”

原来，上午和我聊过以后，她满怀信心地找到原来关系比较好的几位同学。她向她们提出想和她们像以前一样一起吃饭、一起学习、一起娱乐，结果被严词拒绝了。于是，她的情绪更加低落了。

本来我希望她能够主动一步步地接近同学，最后水到渠成，关系自然就恢复到原来程度。但是，她上午没听我说完就走了，一下子向同学提出那样的要求，同学拒绝她是很正常的，毕竟她们接纳她是需要一个过程的。她以这种方式，不但没有拉近她和同学之间的关系，反而使她们之间的隔阂更加深了。

我听她叙述完了以后，问她：“接下来，你想如何做呢?”

“我也不知道，我真的很痛苦!”

“我能理解你的痛苦。但是，目前的情况已经是这样了，你可以选择继续痛苦，也可以选择高兴起来，主动权掌握在你的手中!”

接下来，我们又对她目前的情况进行了深入探讨，她终于认识到：当不能改变所处的环境时，改变自己的想法是最重要的，自己应该快乐起来！

我学习没有目标了

我一直关注着她的学习和生活，听其班主任包老师反映她这一段时间情绪比较稳定，学习状态比较好，我也稍稍放心了。

2006年5月的一天，她又来到咨询室，看上去情绪状态不怎么好。

“老师，我现在学习一点动力也没有了，找不到目标，感觉自己的前途一片黑暗。”

“从什么时候开始的？”

“就是前两天，我觉得活着一点意思都没有，考上大学又能怎么样？我觉得世态炎凉，觉得人和人之间的关系是如此的脆弱和虚伪。”

“是吗？你对同学如此对你是不是感到非常伤心。”

“不是伤心，简直是绝望。我现在已经看破红尘，已经对人类丧失信心。”

“我能理解你的心情，但是你能理解别人的感受吗？”

“谁的感受？”她疑惑不解。

“其他同学的感受，你有站在他们的角度考虑过这些事情吗？假如你是他们中的一员，你现在会如何评价自己以及自己的行为？”

她低下头去，沉思着。

“可能也不会原谅自己吧。因为上次已经原谅了一次，这次又犯了，太令他们伤心了。”

“还有吗？”

“他们其实也很善良，不然上次也不会原谅我，并且大家平时对我的帮助很多，也很照顾我，他们可能有一种被欺骗的感觉。”

“还有吗？”我继续追问。

“也可能有些人已经原谅我了，但是他们也缺乏勇气打破目前的这种局面，以免引起尴尬。”

“那你觉得你应该恨这些同学吗？”

“不应该。”她面露愧色。

“你觉得现在有人关心你吗？”

"有啊。爸爸妈妈对我很好，班主任也很关心我，尤其事情出了以后，他看我情绪不好时，总会安慰我、鼓励我。我也非常感激学校没有处分我，还有你也一直在帮助我。"

她在独来独往的环境中，离大家越来越远。由于缺乏友谊的滋润，她的眼中看到的都是别人的缺点和冷漠。这种片面的想法让她对他人失去信心，从而灰心和失望，看不到未来，寻找不到学习的动力。

我让她意识到，同学并不是冷漠，其实也有很多人在关心她、爱护她，让她对生活燃起希望之火。

她冰冷的心在逐渐消融、解冻，只有对生活充满希望，学习才能有动力。我又与她探讨了前一段时间学习的得失，并且帮助她一起分析原因，还对接下来她应该如何学习提了一些建议。

她又一次满怀希望地离开咨询室。

咨询后记

这是2006年1月到6月之间做过的一个案例，来访者在偷窃行为被发现以后，出现了一系列的心理问题。这个案例持续的时间比较久，进行的次数也达十几次。

高考过后，某一天，她打电话告诉我她的成绩刚刚超过一本线，我由衷地为她高兴，也祝福她能够在新的环境里更好地成长。

个案启示

第一，心理咨询师应该有灵活处理问题的能力。在面对一个具体的案例时，我们往往会设计心理咨询方案，它的好处就在于能够为下次心理咨询做好充分的准备。但是，因为来访者的问题不断发展变化，心理咨询方案也会使我们的思路僵化，难以取得突破。

第二，一个人的成长环境非常重要。来访者在咨询期间，情绪波动非常大，一个重要原因就是同学不能接纳她。如果同学能够原谅并接纳她，那她的成长过程也许就不会如此曲折了。当然，在这个过程中，我的工作也有不完美的地方，我一直想找她同寝室的同学来聊聊，但是由于种种原因而没有完成。

第三，心理咨询师应该有敏锐的觉察力和反思能力。再好的咨询师也不可能做出完美的案例，关键是在案例过程中，他要能够敏锐地觉察到自己的言行对来访者产生了什么样的影响，并且能够经常性反思，及时纠正在案例过程中出现的偏差。

问题延伸

如果按照传统的德育理念来处理这个学生，很可能是要处分她并通知其家长，这样做可能会给学生带来很大的伤害，甚至可能毁了她的一生。因此，教育应该以人为本，以学生为本，帮助他们健康的成长。

艰难的选择

——考试焦虑的个案辅导

老师，我有考试焦虑

“老师，我有考试焦虑，请帮帮我。”她还没有坐定，就急匆匆地说。

“是吗，考前有点紧张是不是，但并不是所有的考前紧张都是考试焦虑。”我向她解释。

“不管是什么，反正每次考试之前，我都非常紧张。”

“具体的表现是什么?”我用心理咨询中的“具体化”技术引导她进一步表述。

“我在考试的前一天晚上会失眠，考试的时候会头晕，手心出汗。每次考前都要吃止泻药，不然考试的时候就会上好几次厕所。”

听完她的叙述，我初步判定她的问题属于考试焦虑。考试焦虑是一种相当复杂的心理现象。考试焦虑是一种在考试情境的激发下，以担忧为基本特征的心理状态。考试焦虑包括两种基本成分：一是对考试结果的担心；二是由担心而引起的身体反应。前者被称为认知成分，后者被称为生理反应成分。

“所以你每次考试之前都非常担心，害怕这些症状出现，但是它却偏偏不约而至。”

“是啊。老师，你有什么好的办法没有？我们明天就期中考试了。”她的样子非常焦急。

考试焦虑的来访者一般都会存在不合理的理念，我初步打算应用认知疗法帮她解决问题。但是，明天就是期中考试了，而认知疗法需要一个过程，仅仅靠一次咨询是无法帮助来访者解决问题的。因此，我想目前最好的办法就是用催眠放松的方法，先缓解她的症状，等考试结束后，再根据她的情况制订具体的咨询方案。

于是，我对她说：“好吧。那老师先用一个方法，帮你克服明天的困难。”

我简单跟她介绍了一下催眠的原理，并要求她积极地与我配合，按照我的要求去想象。

我让她平躺在按摩床上，说："想象一下，你来到大草原上，蓝天、白云、一望无际的绿草地，空气中散发着泥土的芳香，你深深地吸了一口气，丝丝凉意传遍全身。你感到十分的放松，十分的平静，十分的惬意，十分的舒适。"

我让她做了几次深呼吸，然后说："好，现在全身放松放松。首先脚部放松，脚趾一个个的放松；放松的感觉向上移，脚踝放松；小腿放松……"

我引导着她从脚到头的放松，做了两遍，然后暗示她："你感到你的眼皮越来越沉，越来越沉；你感到要昏昏欲睡……"

等我确定她的确进入催眠状态以后，继续暗示她："你站了起来，向前方走去，走啊，走啊，走啊，走啊，走啊，走啊；你看到了一所房子，你走到了门口，推开了门，原来正在考试……你坐在了位子上，开始答题……你现在的感觉是……"

"很紧张。"她喃喃说道。

"好。放松，全身放松。你站起身来向外走去，外面是大草原，蓝天、白云、一望无际的绿草地，空气中散发着泥土的芳香，你深深地吸了一口气，丝丝凉意传遍全身。你感到十分的放松，十分的平静，十分的惬意，十分的舒适。"

我又引导着她从脚到头的放松，做了两遍，然后暗示她："你又走进了考场，你现在的感觉是?"

……

就这样反复做了几次，一直到她到了考场以后感觉放松了才停止。我让她醒了过来，她说感觉很轻松。

我的爸爸自杀了

一周以后，她又来到了咨询室。她的脸色比上次看上去好多了。她说，这次期中考试考得还不错，考试的时候也没有怎么紧张。

"那老师要恭喜你这次取得了好成绩喽。"

"谢谢老师，没有你的帮助，也不可能取得这次好成绩。"

"呵呵，问题要得以根本性的解决，还要靠你自己的努力啊。你出现考试焦虑症状大概是从什么时候开始的?"

"从高二的时候吧。"

"一上高二就开始了，以前考试之前从来没有出现过这种情况吗?"

"没有。"

"那你有没有思考过，为什么一上高二就出现了这种情况？高一和高二之间的哪些变化，使你对考试产生了焦虑的情绪?"

"文理分科……"她的情绪变得激动了起来，语言哽咽在喉咙。

"不要着急，慢慢说。"我安慰她道。

"高一文理分科前，我爸爸说我太笨了，理科肯定读不起来。于是我为了证明给他看，就选择了理科。"

"那你是理科成绩好一点还是文科成绩好一点呢，你对理科感兴趣吗?"

"文科好多了，我对理科一点兴趣都没有，但是为了证明我爸爸所说是错误的，我理科一定也可以读得好，所以我选择了理科。"

她是一个自尊心极强的孩子，为了爸爸的一句话，她毫不考虑自己的爱好和长处，而是选择了自己既不喜欢又不擅长的理科。这种选择是非常情绪化的，同时也给她带来了很大的压力。一方面，她并不喜欢理科，而且理科的基础也不好；另一方面，她拼命地想证明自己是有实力可以把理科学好的，但是现实是她的理科成绩很难有实质性的提高。现实和理想巨大的差距压得她喘不过气来，考前的焦虑情绪便产生了。

"基础薄弱的现实和遥不可及的理想之间的巨大差距，使你心理上产生巨大的压力，因此，考前心事重重，焦虑也不可避免地产生了。"

她点点头。

"我感觉你选择理科只不过是一时的冲动，在经过这一段时间的体验后，你的感觉是什么?"

"其实我很想向爸爸承认我选择理科是错误的，但是太迟了。"

"为什么?"

"因为我的爸爸已经去世了。"她的眼眶湿润了起来。

她父亲2002年八九月份被诊断为抑郁症，在家休养。2003年上半年的一天，他竟然在办公室里自缢了。

她在现实和理想的重压之下，希望能够得到父亲的谅解，但是父亲的去世使这种谅解变成了不可能，郁积在来访者内心当中，不能释放，更加加重了她的压力。

这种不可能，格式塔心理学称之为“未完成事件”。它是指未表达出来的情感，包括：悔恨、愤怒、怨恨、痛苦、焦虑、悲伤、罪恶、遗弃感等。虽然这些情感并未表达出来，但却与鲜明的记忆及想象联结在一起。由于这些情感在知觉领域里并没有被充分体验，因此就在潜意识中徘徊，而在不知不觉中被带入现实生活里，从而妨碍了自己与他人之间的有效接触。未完成事件常会一直持续存在着，直至个人勇于面对并处理这些未表达的情感为止。

要想解开来访者的心结，就是完成来访者的“未完成事件”。创设一个虚拟的场景，让来访者敞开心扉，把自己想对父亲说的话说完，她的问题也就迎刃而解了。

于是，我说：“想象你的父亲就坐在那张椅子上，把你想对他说的话说出来吧，他一定会原谅你的。”

“想象他的模样，脸形是什么样子的，眼睛是什么样子的，鼻子、嘴巴、耳朵、发型；想象一下他穿着什么衣服……”

“爸……”她失声痛哭。

“他期待着你向他承认错误，你说出来他一定会原谅你的。”我小心翼翼地引导着她。

“爸，你女儿对不起你啊……我真的不是读理科的料子……你原谅我，好吗…我真的压力好大啊……”

她忘情地哭着，忘情地说着……

我想转文科

第三次来到心理咨询室的时候，她看起来非常的平静。

她说：“老师，我想转文科，你觉得可行吗?”

“关键在于你自己是否真的确定自己要转文科。”

“我很想转，但是又怕学习跟不上。”

“一方面你不喜欢理科，希望转文科；另一方面你想转文科，但又害怕这一段时间没有怎么学习文科科目，担心成绩赶不上，对吗?”

“是啊，老师，我该怎么办呢?”

“从现实的角度出发，你认为自己哪科更容易取得好的成绩，理科还是文科?”

“应该是文科吧。”

“那假如你选择文科的话，你认为自己会遇到哪些方面的困难?”

“这一段时间都没怎么学习文科科目，我怕学习成绩跟不上。”

“其他的困难还有吗?”

“其他的问题都不大，我相信自己都可以克服的。”

“那么继续读理科，你认为自己存在哪些方面的困难?”

“首先，对理科不感兴趣；其次，理科的基础也不好，成绩很难有实质性的提高；还有我感觉自己其实也不适合学理科，还是文科更适合我。”

“看起来，无论怎么选择都会遇到困难，关键是你怎么面对困难和挑战。”

她沉思了一会儿，好像突然茅塞顿开。

她说：“老师，我知道怎么选择了。”

过了几天，我在校园遇到她的时候，她说自己已经转到文科班了。

咨询后记

这是2003年11月到12月之间做的一个案例，来访者的主要症状表现为考试焦虑。我首先用催眠放松疗法短时间内消除了她的紧张、焦虑情绪，使她在第二天的考试当中发挥出自己正常的水平。然后，根据来访者的具体情况，我用空椅子技术帮助她完成她的“未完成事件”，使她的内心情感得以宣泄，让她有勇气面对并处理这些未表达出来的情感。最后，我用设问、澄清等技术，帮她解决内心的困惑，从而使她面对并且重新选择自己要走的道路。经过几次的咨询过程，本案取得了一定的效果。

个案启示

第一，同样的症状表现，不一定是同样的原因引起的。因此，心理咨询师不能就事论事，而是应该挖掘来访者内心深处的心结，帮他彻底解决问题。

第二，每个流派的理论都可以从不同的角度来阐释来访者的问题，但是来访者的问题不是仅仅靠某一流派的技术就可以解决的，需要多种流派和技术的结合，只有这样，才能取得更好的效果。

第三，要相信任何来访者都有自己解决问题的能力。此案中来访者的选择是一个艰难的过程。到了最后，其实我可以很明确地告诉她你应该选择文科，但是我没有这么做。因为，只有她确定自己要选择文科，才能激发她更大的潜力。

第四，不要急于对来访者的问题定性。我们一旦对来访者的问题下了定论，就会以一种惯性的思维去解决问题，从而出现偏差；不断引导来访者，倾听来访者，全面掌握她的信息是问题最终得以解决的基础。

第五，心理问题的产生、发展一般是个长期的过程。因此，想通过一次的心理咨询就解决问题是不可能的。可见，心理咨询需要一个长期的过程。

问题延伸

焦虑是一种很普遍的现象，人在面临对自己有重大影响的事件时，总会产生焦虑。学生的考试对学生而言既是重要的，又是有一定困难的，也是进行评价的基础，因此考试焦虑在学生中相当普遍的存在。

根据耶克斯—多德森定律，高焦虑对于完成难度较高的任务是不利的，高焦虑反而使学生不能取得好的成绩，因此就考试成功本身而言，学生必须保持适度的焦虑水平。另外，长期处于较高的焦虑状态对学生的身心健康也是非常有害的。了解学生考试焦虑的成因并有针对性地帮助学生缓解过高焦虑，这样做既有利于学生的身心健康发展，也有助于学生在考试中发挥自己的最好水平，取得好的成绩。

第三章　团体心理辅导

辅导理论

角色扮演技术在团体心理辅导中的运用

在团体心理辅导中，角色扮演模式是一种应用很广，实施较为容易且行之有效的辅导方法。它有利于团体成员澄清问题的情境，促使他们更具同情心地理解人，并为新行为提供演练机会。所谓角色扮演，就是一种运用行为模仿或行为替代来影响个体心理过程的方法。简单地说，就是让学生以一种类似表演的方式展现相应的行为特点和内心感受，进而起到增进学生的自我认识，减轻或消除学生的心理与行为方面的问题，以促进学生的成长和发展。这一模式最初是由心理学家莫雷诺于20世纪30年代为心理治疗而创设的。目前在团体心理辅导中这一模式也较为常见。

一、角色扮演技术的理论基础

（一）莫雷诺角色理论

角色扮演是由心理剧发展而来，于20世纪30年代被推广应用。而临床心理学则在1959年将角色扮演用于心理治疗中。有些学者，例如Kipper将心理剧视为角色扮演的一种形式。心理剧，也称社会剧，由主角、导演、辅助角色、舞台、观众等基本元素组成，是由美国心理学家莫雷诺首创的。

莫雷诺相信人是天生的演员，且拥有自然的行动渴望，需要以亲身的体验来认识世界，同时也需要将内在的情感状态表达出来。这种行动哲学早在希腊时代就被亚里士多德所重视。

莫雷诺也相信人类进步的原动力是自发性的创造力。所谓自发是指面对一个崭新的情境时，个体的一种自然激发的反应，或是面对一个旧的情境时，个体脱离过去经验的窠臼，创造出一种新的方式去面对的力量。然而我们常常受到生活经验、角色、习俗和文化教条所限制，压抑了属于孩子式的自信、好奇与勇于尝试的真性情。而以角色扮演为主的心理剧正好能让主角发掘出被压抑的真性情。

（二）社会角色理论

社会角色理论是目前颇受学术界与社会公众关注的社会心理学理论之一。心理学家 G. H. 米德教授是社会角色理论的创立者，他认为人是社会期望的各种角色的总和。一个人所扮演的某种社会角色，按角色规范和角色期待的角色行为都有一定的范围，即角色的权利和义务对角色范围的限定，叫角色域。个体的角色行为一旦离开了角色域，就会引起角色偏离和角色冲突。这时，心理咨询师根据社会角色理论，采用“角色扮演技术”，让受影响者在一种特定的或创设的情境中去扮演某一种角色，使其认清角色的理想模型，了解社会对角色的期望和自己应尽的角色义务，从而有助于他们去控制或改变自己的态度和行为，以达到改善人际关系和提高工作或学习效率的目的。

（三）社会学习理论

心理学家阿尔伯特·班杜拉的社会学习理论认为，大多数人类行为都是通过模仿和观察学会的：人们通过观察了解到新行为如何操作，在日后情境中这一编码的信息就能作为行动的向导。角色扮演法就是一种对角色进行的模仿与观察学习的方法，在角色认知的基础上，通过角色扮演，使扮演者进入扮演的各种角色境界，与角色情感融为一体，从而产生相应的角色行为。

（四）“人格面具”理论

对于“角色扮演和角色期待”这一问题，心理学家荣格曾经加以深入的研究和专门的解释，并提出了“人格面具”理论。

在荣格的心理学理论中，人格面具原型所起的作用与演员戴的面具作用是相似的。它使一个人能够去扮演并不一定是他本人的角色。换句话说就是，一个人能按照某种社会环境的要求，抑制和改变自己的某些在这种社会环境中不受欢迎的特点和习惯，呈现出于己有利的形象。如果一个人太倾心于自己所扮演的角色，其人格的其他构成部分就会被搁置一旁，这种被人格面具所主宰的人就会迷失自己的本性。依据人格面具理论，在角色扮演设计的不同情境中，一方面，当事人可以进入不同的角色，了解感受各种角色，从而认识接纳自己，找到自己心灵的平衡点；另一方面，当事人可以认识到，不同的环境场合具有不同的角色期望，所要扮演的角色——人格面具是不一样的，通过角色扮演提取出自己缺少的人格面具或者纠正自己使用不当的人格面具，把握好多种人格面具的分寸，适时转换。

二、角色扮演的功能

团体心理辅导的主要目的是增进学生在认知、情感、行为三层面的了解与探索，增强个人自我功能及处理问题的能力，促进心理与人格的成长，强调预防与发展的功能。而角色扮演恰恰是以类似表演的方式，让学生回到真实问题的情境中去，学习适当的解决方法，反思自己的行为模式，累积面对问题的能力。所以，角色扮演应具有下列几项功能。

（一）促进对自我及他人的认知

心理学研究表明，以自我为中心、不能站在别人的角度来思考问题是青少年学生目前存在的一个很大的特点与不足。他们容易对别人产生认识与理解上的偏差，很难体会到别人的需要与情感。在发生人际冲突时，他们往往寻求外部归因而不是内部归因。角色扮演技术的一个重要的特征是要求扮演者站在所扮演角色的角度上认识事物、思考问题、展开行动。角色扮演者只有放弃自己原有的一些观点，从所扮演角色的角度来认知、体验周围的世界，才有利于学生摆脱自我中心，全面认识和理解他人，同时也会促进学生对自己的反思，转换角度来看待自己。

（二）排解个体不良的情绪情感

当前，社会竞争日趋激烈，升学与就业压力也不断增长，而青少年学生正处在身心发展的关键期，心理上充满幼稚性和不稳定性，容易诱发其情绪困扰与心理冲突。学生通过扮演某一特定的角色，模仿现实生活情境，以戏剧演出的形式宣泄和释放压抑着的情绪情感，使其积聚的心理困扰得以排解和宣泄，更轻松地面对自己的学习和工作。

（三）塑造个体积极的态度行为

心理学实验结果表明：实验者让被试扮演与他们意见相左的那个人物，“要求被试即兴阐述某种与自己的主张有分歧的观点，并表示赞同”，被试最终改变了自己对所扮演角色的态度。心理学者分析：被试之所以改变态度是因为扮演的角色迫使被试思索他所能想到的能够支持这种观点的正面证据，这促进了自己对这种观点从不了解到了解，从不相信到相信的转变，最后改变了自己原来的态度，接受了新的立场。

青少年学生常容易形成一些幼稚而偏激的观点与态度，一般的说教是难以使他们改变，通过角色扮演则能够有效地接受积极态度的影响，形成积极的行为倾向。

（四）训练学生相关的社会技巧

能力的培养已经成为学生发展的重要目标之一，沟通、分享等相关的社会技巧和能力已经成为学生必备的素质，此类素质的高低直接决定了学生在今后学习工作生活中的质量以及竞争力的高低。目前，很多学校已经开设了心理健康教育和职业生涯规划等课程，此类课程在开设的过程中就可以采用角色扮演的方式来进行。学生通过角色扮演来体验求职面试，总结求职过程中应该采用的策略、表达的方式等，也可以通过角色扮演来体验不同角色之间的沟通、分享，甚至可以体验如何学会拒绝等。

三、角色扮演的形式

角色扮演的形式有多种，一般根据活动的目的以及需要学生讨论和体验的情景来选择。教师需要思考如何运用角色扮演的技术和过程，以使学生和扮演者得到最大的益处。笔者认为，团体心理辅导中的角色扮演经过多年的演变，大致可以有下列几种方法。

哑剧表演。它是指教师提出一个主题或一个情景，要求学生不用语言而用表情和动作表演出来。例如，让学生表演愤怒时的动作表现，表演喜欢别人或者讨厌别人时的肢体语言。学生通过哑剧表演，体验非语言的心理状态与反应，促进非语言沟通能力的发展。

独白法。它是指以独白的形式表达自己此时此刻的内心的真实感受和想法。教师常常是让扮演者在情绪冲突强烈、各种体验纷繁复杂时，通过角色扮演，大声说出内心的体验，将表演者隐藏于内心的思想，借着独白的机会，宣泄出来。

“空椅子”法。这种方法只需要一个人表演，在辅导社交方面有困难的学生时经常使用。例如，某个学生在异性同学面前很害羞，难以正常交往，教师可以用空椅子表演的方法帮助他。具体做法是将两张椅子面对面放，让该学生先坐在一张椅子上，假设另一张椅子坐的是异性同学，该学生先表演彼此间曾经有的或可能有的对话，然后坐到对面去，以对方的立场说话，如此重复多次，往往可以使学生了解对方，改善在交往方面的一些困难。

镜像法。它是指看别人演自己的方法。例如，爱说粗话、不讲礼貌、缺乏教养的A看到B表演自己的所作所为。学生通过看别人演自己，从而客观地了解自己生活中的言行，激发改变的主动性，促进不良行为的改变。

比较法。这种方法主要是将好的与不好的两种态度方法或行为安排在一个活动单元里，让学生比较这两种方法的优缺点，以强化学生对好的态度、方法与行为的认知和体验。例如，通过两种不同的学习习惯的情景表演，让学生进行比较分析，再对照自己平时的学习习惯，进行认知、体验和反思。

创意情景。在角色扮演中，教师很多时候只是给出一个或几个情景，需要学生创造性地自编、自导、自演情景剧，以充分反映学生的实际情况和创造能力，使学生更主动地参与团体心理辅导活动中来。如让学生自编、自导、自演情景剧，理解和创造性地运用心理防御机制来面对挫折，加深对心理防御机制的认知和体验。

角色辩论会。它是指用类似于辩论会的方法，每个辩手都带着角色面具或扮演着特定的角色，对某个主题进行辩论，以加强学生对角色的认同和体验，增加角色扮演的效果。如对各种职业角色重要性的辩论，就可以采用这种方法，使学生认识到各行各业的工作都是缺一不可的，具有同等重要的地位。

“魔术商店”。这是一种类似于商店内买卖的方法。如让辅导老师扮演店主，店里卖各种东西，如理想、健康、幸福、财富、成功等，由学生扮演买主，说出自己最想要的东西及其原因，然后，辅导教师问他愿意用什么来交换。用这种方法可以了解学生的需要和态度，帮助学生树立正确的价值观。如“价值大拍卖”，就是用类似魔术商店的拍卖方法，帮助学生了解有关爱情、友谊、健康、美貌、爱心、金钱、欢乐等多方面的价值观念。在拍卖会上，学生个人的价值观念会直接影响学生在拍卖时的选择，学生自身从取舍的行为中，可以了解自己的价值观和人生态度，这样有助于学生对自己价值观念的思考和澄清。

情景剧或短剧。这是角色扮演较常用的方法，就是教师事先准备好情景剧或短剧剧本，让学生进行表演活动，以增加心理辅导活动的气氛，或者让学生有共同探讨的话题和案例，增加学生的投入和参与程度，以达到团体心理辅导的目的与功能。

戏剧表演。它是指教师借用一些比较常见或成熟的剧本，这些剧本带有比较多的表演色彩，学生通过从事戏剧表演的活动，从中体验角色的情感和内涵，达到情绪宣泄、成长心智的目的。如儿童剧“小熊请客”就是通过戏剧表演，让学生在表演中体会友谊和孤独情感，使学生在生活中乐于寻找朋友。

四、运用角色扮演技术应注意事项

因此，在学校团体心理辅导中，为了有效地运用角色扮演技术，应该注意以下几点。

（一）根据情境需要，选择适合的角色扮演形式

角色扮演形式多种多样，教师在实际运用的过程中，应根据情境的需要，选择适合的形式，有时为了达到更好的辅导效果，可能需要多种形式相结合。

（二）和其他的心理辅导技术结合进行，才能收到更好的教育效果

在实施心理辅导的过程中，孤立地应用角色扮演技术来进行心理教育是不多见的，它需要和其他的心理辅导技术结合起来，灵活加以运用才能取得良好的效果。

（三）要营造安全的团体氛围，引导学生真实表达自我

教师要营造一种安全的团体氛围，避免学生受到伤害。在角色扮演之前，一般要创设问题情境，引导学生逐步进入问题情境，然后进行角色扮演，避免开门见山直接进入角色扮演环节。

（四）角色扮演之后，要进行必要的分析和讨论

角色扮演以后要进行问题分析、讨论与总结，充分达到辅导活动的认知或思辨的目的。教师要指导学生评判角色扮演者的行为而非扮演者个人，以免造成对扮演学生的人身伤害。

参考资料

[1] 陈晓娟．团体心理辅导中角色扮演模式的运用［J］．常州师范专科学校学报（社科版），2003（1）：108–110.

[2] 沈永江．团体心理辅导中的角色扮演技术［J］．阜阳师范学院学报（社会科学版），2007（3）：123–124.

[3] 沈之菲．角色扮演在班级心理辅导中的应用［J］．思想·理论·教育，2001（7）：45–47.

[4] 何冬锦．学校团体心理辅导中的角色扮演技术［J］．校园心理，2009（5）：327–328.

[5] 莫雷．角色扮演技术在心理辅导中的应用（上）［J］．人民教育，2000（9）：41–42.

[6] 莫雷．角色扮演技术在心理辅导中的应用（下）［J］．人民教育，2000（10）：50–51.

“一人一故事剧场”的理念及操作

“一人一故事剧场”（Playback Theatre）由美国的 Jonathan Fox 及 Jo Salas 等创立。1975 年，受 20 世纪 70 年代“实验剧场”的影响，又加之本身对于“口述传统”的研究和对尼泊尔村落的田野调查，以及心理剧的实践经验的启发，他们创造出了“一人一故事”剧场。

“一人一故事剧场”是一种即兴剧场，着重观众与演者之间的互动。在“一人一故事剧场”里，每一个故事都值得被尊重、被聆听。观众可以选择现场分享自己的感受或故事，演员听完故事后即时在剧场里将故事重演，并将表演作为礼物回赠给分享的观众。在一场演出里，观众会欣赏到不同人士的故事被演绎，故事与故事之间往往存在着一种仿似互相对话的微妙关系。

一、基本理念

（一）每个人都有分享与聆听的欲望与需要

每一个人的故事与经历都是值得被聆听和尊重的，而且每个人都有分享和被聆听的需要，透过人与人之间的分享和彼此的聆听，人与人的距离会近一些。

（二）观看演出的作用

分享者可以在“一人一故事剧场”的演出中，通过艺术性的呈现，重新回看、经历自己的故事。演员提供不同的角色，帮助分享者在很短的时间里面，从多个角度去了解自己的经历，也许是一种释放，他们看着别人的故事，也在看着自己的故事。

（三）非批判原则

“一人一故事剧场”很明显的原则之一就是不批判，提倡接纳与尊重，尊重每一个人选择的权利，认为人可以有不同的选择。我们尊重他做出的选择，并会面对他选择的结果。他有他的后果，而这是属于他的。

（四）公民演员

“一人一故事剧场”有这样一个概念，叫作“公民演员”。它相信每个人都可以做“一人一故事剧场”的演员。我们相信每个人都可以做到，而在这种多元和包容的气氛下，我们有更多的元素和火花，会有更好的效果。

（五）红线

“一人一故事剧场”里的分享不是独立的，故事的核心在相互关联，故事间在对话。

二、四个要素

（一）艺术

“一人一故事”包含音乐、色彩、装置（往往由布和椅子来完成）等戏剧的艺术形式在内，将日常中的故事经由艺术的方式表达出来，具有一定的可观性和艺术性。

（二）仪式

在“一人一故事”中有许多的仪式，这帮助演员与观众之间构造专注、尊重的场域。“一人一故事”通常在比较小的场地范围内演出，仪式也帮助构造舞台感，使观众可以有很好的观剧体验。

（三）社群（区）

“一人一故事剧场”所创设的尊重、倾听的环境，有助于社群中的不同声音得到表达，或者不同的社群之间实现沟通，促进社群内部或彼此之间的链接。

（四）个人成长

在演出和观看“一人一故事”的过程中，个人成长也是很突出的一部分。通过倾听他人、分享自己，不论是作为演员还是作为观众，个人都可以对自己有更多的觉察，从而达成内在的成长和生活品质的提升。

三、表演形式

想象在一个亲密的表演空间里，中间散落着几张排列整齐的椅子或木箱，演员们静坐其中，左舞台的区域有个乐师身边摆着各式的乐器，右上舞台有直立架子上挂着不同颜色、高高低低的布条，右下舞台邻近观众的地方则放着两张并排的椅子，靠近观众席坐的是领航员，另一张坐的是上台来说故事的观众，这就是舞台的全部。这样的画面便是“一人一故事剧场”。

在台下作为观众的你，只要愿意上台，讲出自己的故事，演员在聆听后以形体雕塑、说话、唱歌、诗歌、舞蹈或剧情表演等形式即兴呈现，把你的故事“重演”一次，作为礼物回赠给你。这也是所有“一人一故事剧场”的演出方式。

具体来说，针对不同长度和不同内容的故事，“一人一故事剧场”有不同的表演形式。

短故事的表演形式包括“流动塑像”“转型塑像”“一对对”；中等故事的表演形式有“三段故事”“V 型战队”“四元素”“录影片段”“一页页”和“大合唱”等；长故事的表演形式为“自由演绎”。在每场正式演出的开始和结束分别有“自我介绍”和“我记得”的环节。

流动塑像。它是针对简短的情绪或某一个时刻的表演。演员逐一出场，每个人都在原地以简短的方式表演观众的情绪或那个时刻，并不断重复，四个人站在一起共同形成一个流动的塑像。

转型塑像。它是针对情绪变化的表演。演员先根据第一种情绪，演出一个流动塑像，后一起转变到第二种情绪。

一对对。它是针对纠结情绪的表演。演员两两一组，每一组的两个人各表演观众内心挣扎的两方，两方互相拉扯对抗，并说出各自的理由。第一组表演完后定格，第二组表演。

三段故事。它是针对中等长度的故事，尤其适用于发生的事件较清晰，或者故事中有明显几个不同角度的观点的情况。三位演员依次出场，每位演员选择故事中一个角色，演一段独角戏，至少有一个演员演主角。三位演员的演出共同组成一个完整的故事。

V 型战队。它是针对中等长度的故事。乐师上场，5 位演员站成 V 形。站在 V 的尖端位置的演员靠近观众，称为 V 头。V 头负责叙事并引领整个故事的表演，V 尾的四名演员与 V 头保持统一的动作，同时在 V 头的每句话之后，或如扩音器一般重复 V 头所说的核心部分，或做背景环境的声音烘托。

四元素。它是针对中等长度的故事，大多用于故事情节并不清晰，但内在情感非常强烈的情况。四位演员依次出场，分别用纯粹的音乐、肢体、装置（布、椅子）、诗来表达这个故事中的情感。

录影片段。它是针对中等长度的故事，尤其适用于故事线比较长、情节比较波折的情况。领航员将故事分为3~5个片段，并各给予一个主题句，在每个片段中，领航员说出主题句，演员演简短的一小段，再进入下一个片段。

一页页。它是针对中等长度的故事。领航员将故事分为3~5个场景，并各给予一个主题句。在每个场景中，领航员给出主题句，演员在台上自由走动，最后以定格的姿态呈现出相关情节的画面。一个场景完成后，演员再进入下一个场景。各种场景如同一页页地翻阅一本故事绘本。

大合唱。它是针对中等长度的故事，尤其适用于内容中情绪变化较多的故事。演员站在一起，如同合唱一般，逐一表现出故事中的情节和各种情绪。

自由演绎。它是针对长故事，是自由度很大的形式。演员在台上自由即兴配合，诠释分享者的故事。极大的自由度可以使故事的各个维度得到很好的诠释，包括故事情节的发展、主人公的心路历程、关系的变化、社会环境提供的背景和可能蕴含的寓意等。

四、演出步骤

“一人一故事”的结构由一个个故事串连而成，每个“故事”可视为一个“单元”，整场演出由一连串故事单元组成，这一点有些类似于后现代的拼贴艺术。表演一开始由主持人掌控，当观众愿意发表故事时，主持人会进行访谈，访谈结束，主持人决定形式并下达“请看”的指令，将故事交给演员，这时掌控权转让至乐师，他会下一段音乐起“过渡”的作用，一方面让演员有时间准备，一方面带出戏剧气氛，凝聚观众的注意力；接下来，演员们以主持人所决定的形式将故事进行演绎、创作、组合，再搭配乐师的配乐；演出结束，演员们用眼神向说故事人致意，主控权又交还给主持人，主持人让说故事人说些结语，然后说故事人回到观众区，接着是下一位说故事人。这样的步骤便是“一人一故事”的演出单元。

由上可知，演出单元的核心是场景故事，而场景故事又可以具体分为五个步骤：访谈、场景布置、上演、致意、回归说故事人。

（一）访谈

访谈的目的是获得和整理故事重点，可分为“谈”与“访”两个部分：前者是故事产生前，主持人对所有观众谈话，引发和诱导故事产生；后者是已出现说故事人时，主持人将焦点转移到说故事人身上，对其进行访问。访问时，主持人的功能类似编剧，将生活经验做一番整理，协助演员理解一下要演出的素材，同时引导其他观众找到故事内容的重点。因此，主持人的提问常与故事内容有关，并且经常重复说故事人的重点语句。访问期间，除了帮助说故事人整理回忆和理清感受外，主持人也要充分照顾他的反应，注意演员和观众的聆听情况。

（二）场景布置

访谈结束，主持人摇身变为导演，指定演员演出的形式，然后下达“请看”的指令。这时，乐师会下过渡的音乐，接着演员在彼此不交谈的情况下，运用肢体建构演出的开场画面或主要画面，使原本的空台瞬间变成即将展现戏剧行动的舞台。

（三）上演

对于叙事性结构的戏剧来说，因为有具体的剧本，所以演员一般要经过长时间排练才可以正式演出。而“一人一故事”的即兴演出形态，则更加贴近真实生活状态及当下情感反应的直接展现。为了让演出能迅速形成结构，顺利进行，演员们将故事直接套用在提前排练的表现形式之中。至上演时刻，说故事人的故事会即刻被演员再现，演员们力求达到抓住说故事人故事的本质。表达说故事人的感受和观点是所有表现形式进行展演的第一要务。同时，演员也要适当表现故事中的其他角色，目的是丰富故事的理解角度，使说故事人和观众产生积极的思考和交流。

（四）致意

致意是剧场中最为庄严和神圣的时刻。当故事的表演结束，演员们在舞台上转身，用诚恳的目光注视说故事人，既无言语也无动作，只有眼神和表情。这时，演员也慢慢从角色回归原本身份，“他们既处于角色中又在角色之外”，像是以剧中角色注视说故事人，产生情感联结；又像是以演员的身份告知说故事人：“表演完成，谢谢分享，请接受我们献给你的礼物”。而其他的观众也借由演员的致意动作，知道故事已表演结束，并感受到演员对说故事人的敬意，以及演员与说故事人之间的情感交流，然后将焦点从演员身上回归到说故事人身上。

（五）回归说故事人

回归说故事人是整个演出单元的最后一步。故事的表演结束，主持人会让说故事人发言，表达观看后的感想，也让他有时间整理自己的思绪和情绪。主持人并不会帮助说故事人作结论，而是让他自己表达。有时说故事人指出演出中有极大错误，并且感到对演出不满意，主持人则会在确认说故事人的想法之后，下达再次演出的指令，这个环节即“修正”。有时故事的结尾充满遗憾和痛苦，主持人则会询问说故事人理想中的发展结果，然后让演员依照期望重演一次，以达到治疗或救赎的作用，这个环节即“转化”。

以上五个步骤即是表演单元的基本结构，也是“一人一故事”的基础。戏剧的能量在其中流动，自观众区流向表演区，又从表演区流向观众区，于整场演出中不断循环往复。

由于“一人一故事剧场”的表演基于现实生活中人们的亲身经历，因此更容易发出不同的声音，提出人们共同关心的话题，促进不同阶层的人之间的对话。更由于其没有固定脚本，因此表演形式灵活多样，可以满足不同组织的需求。

辅导方案

人际关系团体辅导方案

一、团体名称

人际关系训练营

二、团体性质

封闭性、自愿性、发展性团体

三、团体目标

（一）总体目标

增强团体成员的人际沟通能力，提升他们的人际交往技能，使他们懂得如何与他人更好相处。

（二）具体目标

1. 增进团体成员之间的了解，建立团体规范。
2. 通过团体活动、沟通、交流、分享，促进自我了解，正确看待自己。
3. 学习沟通技巧，从中得到启发和感悟。
4. 团体成员共同分享，达成共识，学会人际关系的处理，改善人际关系。

四、团体对象

在校学生

五、团体规模

16 人左右

六、团体活动地点

略

七、时间频率及次数

每周一次，共 7 次，为期 7 周。

八、理论基础

（一）个体心理学中的生活风格论

阿德勒认为社会兴趣是人类本性的一部分，植根于每个人的潜能之中，因此，必须先发展起社会兴趣，才能形成正确的生活风格。阿德勒还把社会兴趣作为衡量心理健康的标准。这里的社会兴趣是一种与人友好相处，共同建设美好社会的愿望和需要，其含义非常广泛，包括合作、互助、人际关系和社会关系、热爱、同情等。

（二）人际关系人格理论

沙利文的人际关系理论中，自我是在重要他人的反应中确立的。在人格发展阶段中，主要的重要他人除 3 岁前的父母和青年后期复杂的社会群体外，之间从童年末期、少年期、青年前期几个阶段，大约 20 年时间是玩伴、密友、异性朋友。有人用回溯研究发现了同伴关系和后期适应之间的关系：同伴关系障碍会导致后期的退学、犯罪、精神病等。他们甚至认为，同伴关系障碍对后期的适应问题有一定的预测性。

（三）社会互赖理论

社会互赖理论认为团体是一个充满动力的动态整体。社会互赖理论主张积极的互赖合作，可带来助长式互动，进而产生互相帮助、有效沟通、建设性处理冲突，并且彼此信赖等行为，它是建构团体间同舟共济和共同向心力的信念，所以社会的成就来自团体成员间相互依赖的合作成果。消极互赖（竞争）产生对抗性互动，成员间彼此不鼓励成就上的努力，相互阻碍。

（四）人际需要的三维理论

舒茨提出人际需要的三维理论分为两个方面。三种基本的人际需要决定了个体在人际交往中的行为，以及如何描述、解释和预测他人行为。三种基本需要的形成与个体的早期成长经验密切相关。

1. 包容需要。个体想要与人接触、交往、隶属于某个群体，与他人建立并维持一种满意的相互关系的需要。

2. 支配需要。个体控制别人或被别人控制的需要，是个体在权力关系上与他人建立或维持满意人际关系的需要。

3. 情感需要。个体爱别人或被别人爱的需要，是个体在人际交往中建立并维持与他人亲密的情感联系的需要。

（五）社会交换论

社会交换论是一组解释人际交往活动规律的理论。社会交换论认为人际交往活动具有社会性。这个理论认为各种交往关系都会涉及谋划者的报酬和代价，交往中存在着一种“分配上的公平”原则。它把人与人之间的关系看成是赤裸裸的交换关系，忽视了人们的相互帮助、支援、无私贡献，甚至献身的行为，贬低了人类社会中人与人的关系，这是其缺陷。

九、团体活动设计方案

设计方案

单　元	单元目标	活动流程及内容
一	1. 小组成员相互认识并初步了解。 2. 组员了解团体基本情况。 3. 营造和谐的团体氛围。 4. 建立团体规范	1. 大风吹 2. 虎克船长 3. 踩气球 4. 舞文弄墨——你我的约定 5. 你记住了谁
二	1. 促进成员的进一步了解。 2. 促进成员认识自我。 3. 增进信任感，彼此接纳。 4. 了解自己在团体中的参与程度	1. 五毛一块 2. 拥抱练习 3. 信任背摔 4. 团体测试站
三	1. 巩固活动效果。 2. 认识到人际交往中沟通的重要性。 3. 认识到沟通中倾听的重要性。 4. 练习并掌握倾听的技巧	1. 你说我做 2. 倾听的技巧 3. 黑箱操作 4. 烽火台
四	1. 进一步促进团队合作，增强团队凝聚力。 2. 体验沟通，认识到沟通的重要性	1. 进化论 2. 风雨同行 3. 捆绑过关 4. 履带战车

（续表）

单　元	单元目标	活动流程及内容
五	1. 体会非语言沟通在人际交往中的重要性。 2. 体会聆听信息和反馈信息的重要性。 3. 了解人际交往中受欢迎的人格特质并找准努力方向	1. 比一比 2. 我猜你猜 3. 电波传递 4. 魅力测试站
六	1. 改变对人际冲突的消极看法，树立积极主动的人际交往态度。 2. 掌握建设性解决人际冲突的基本技巧。 3. 成员之间相互讨论分析，表达自己的想法与感受	1. 心有千千结 2. 爱在指间 3. 一圈到底 4. 笑容可掬 5. 肢体语言
七	1. 整理和分享参加团体辅导的心得与感受。 2. 团体成员之间相互祝福和鼓励，在融洽的氛围中结束。 3. 评估团体辅导的成果	1. 回首来时路 2. 请在我的后背留言 3. 大团圆

十、团体活动具体安排

第一单元

活动名称	一、大风吹
活动目的	破冰，活跃氛围，缓解紧张情绪
具体操作	全体围坐成圈，讲解规则，先由团体领导者当主持人，开始说：“大风吹！”大家问：“吹什么？”主持人说：“吹穿运动鞋的人。”凡是穿运动鞋者，均要移动，另换位置，主持人抢到一位置，使得一人没有位置，对其进行惩罚游戏，并使他成为新主持人，继续吹
活动名称	二、虎克船长
活动目的	通过游戏的方法进行成员之间的了解
具体操作	1. 全部的人围成圈圈，先搞清楚坐在自己左右两边人的名字。 2. 由其中一人开始，说自己的名字两次，然后再叫另一人的名字。 3. 被叫到的人两边的朋友必须马上说“嘿咻！嘿咻！”和做出划船的动作。 4. 再由被叫到的人接着叫别人的名字，直到有人做错

（续表）

活动名称	三、踩气球
活动目的	活跃团体气氛，促进成员交流
具体操作	要求：两人一组，共八组 步骤：两人互相搭配，左右脚捆绑三至四个气球，在活动开始后，互相踩对方的气球，并保持自己的气球不破，或破得最少，则胜出
活动名称	四、舞文弄墨——你我的约定
准备	纸和笔
活动目的	建立团体规范，增强团体意识
具体操作	1. 领导者说明制定团体规范的原因。 2. 团体成员共同讨论和制定团体规范，如“做到保密，不把团体内的事情说给其他人听”“仔细倾听，不打断和批评他人的发言”“不缺席，不迟到，不中途离开”“不把食物带到团体辅导室来吃”；领导者将它们加以归纳，写在一张大白纸上，形成《团体契约书》。 3. 每个团体成员在《团体契约书》上签名，以示自己愿意遵守这些团体规范
活动名称	五、你记住了谁
准备	纸和笔
活动目的	体验第一印象的重要性
具体操作	1. 第一单元的活动即将结束，请每位成员把印象最深刻的成员名字写在卡片上，并注明原因。 2. 将结果公布，看谁是给人留下最深刻印象的人，分析原因，总结影响第一印象的各种因素

第二单元

活动名称	一、五毛一块
活动目的	感受团队，体验人际交往的重要性
具体操作	1. 在游戏中，男生代表一块钱，女生则代表五毛钱。 游戏开始前，大家全站在一起，领导者站在边上；领导者宣布游戏开始，并喊出一个钱数（比如3块5、6块或8块5）；领导者一旦喊出钱数，游戏中的人就要在最短的时间内组成那个数的小团队，打比方说喊出的是3块5，那就需要三男一女或七女或一男五女之类的小团队。 2. 请落单的成员分享感受和体验

（续表）

活动名称	二、拥抱练习
活动目的	通过简单的拥抱有了身体的接触，在建立了信任的基础上有利于深层次的交流，也有利于打破团体成员之间的尴尬气氛。
具体操作	1. 全体成员起立，以同一个圆心围成两个大小不一样的圆圈，内圈的同学转身面向外圈的同学，两人为一组，分别向对方说："认识你真高兴"，然后拥抱，然后转圈换人。 2. 说"认识你真高兴"时，同学要面带微笑
活动名称	三、信任背摔
准备	桌子、保护的垫子
活动目的	摒除隔膜，互相信任
具体操作	1. 游戏开始之前要求所有成员摘下眼镜、手表、首饰以及身上任何尖锐和硬的物品，并把口袋掏空。 2. 选一名志愿者站在一张 1.3 米左右高的桌子上向后倒，一名成员作为监护员，其余成员（应在 10 人以上）负责承接后仰者；他们两两相视而站；按个头高低在桌子前排成平行的两列，队列与桌子成垂直角度；每位成员向前伸直胳膊，掌心朝上，放在对方的双肩上，形成一个安全的承接区；为确保后仰者的安全，可以在承接区铺上一块体操垫。 3. 领导者站在桌上，用捆手布将后仰者的手捆住，然后用手抓住捆手布；一切准备就绪后，后仰者喊"你们准备好了吗？"台下成员高声回答"准备好了！"领导者听到回应后，发出"一、二、三、倒"的指令，并松开捆手布，后仰者应声向后挺直倒下，其他成员则竭尽全力平稳地接住他，并用"放腿抬肩法"将其平稳放下。 4. 每位成员轮流充当后仰者和承接者；尽量要求每位成员参与，但有心脏病、高血压等疾病的成员和严重腰伤者不能参加
活动名称	四、团体测试站
活动目的	了解自己在团体中的参与程度
具体操作	请每位成员从大红、粉红、橙、黄、蓝、绿、紫、白、黑、灰等各种颜色的心形纸卡中挑选一个，代表自己进入团体的心情，并在心情温度计上画上相应的温度，代表自己在团体活动中的参与程度（温度越高表示在团体中的参与程度越高），然后加以解释说明

第三单元

活动名称	一、我说你做
准备	纸张
活动目的	让成员在实践中体验到沟通的重要性
具体操作	游戏规则：请所有同学按我的口令做，大家不可以向我提问。 把纸张水平对折折叠； 把纸张垂直对折折叠； 撕下叠过纸张的一个角； 把折叠过的纸张展开，与临近的参与者进行对比。 成员分享心得
活动名称	二、倾听的技巧
活动目的	体会倾听在沟通中的重要作用
具体操作	1. 分小组进行讨论“可以运用哪些言语技巧和非言语技巧来表达你在认真倾听”，然后请各小组代表发言。 2. 领导者总结： 倾听的非言语技巧，如身体面向对方，并适当前倾，使对方感觉你在洗耳恭听； 保持目光接触，表示对对方所说的话感兴趣； 停下手中正在做的事； 面部表情随对方所说内容而发生变化； 利用积极的面部表情和头部运动，如微笑、点头、扬眉等；避免双手交叉在胸前，保持开放的姿势，表达对对方话题的接纳态度等
活动名称	三、黑箱操作
活动目的	1. 提高成员的观察能力。 2. 学习识别和接纳人和事物的独特性。 3. 进行讨论，并分享自己的感受
具体操作	1. 请每位成员观察团体中其他成员的良好倾听行为，并把它们写在纸条上，放入小纸箱内。 要求： （1）只允许记好的行为，不准记不好的表现； （2）写清楚被赞扬的成员的姓名； （3）允许记录多个成员的良好倾听行为，只要你认为某个成员在倾听的某个方面做得好就可以把它写下来。 2. 领导者当众宣读纸条的内容，以激励每位成员在今后的团体中自觉练习倾听技巧

（续表）

活动名称	四、烽火台
活动目的	练习倾听以及复述的能力
具体操作	1. 按照人数分成两个小组，每个小组排成一路纵队，最前面的同学面对黑板。 2. 两个小组的最后一名同学到领导者这里领取一张纸条，纸条上有同样的一段话，需要这两名同学 2 分钟之内默记住。 3. 把纸条还给领导者，领导者说“开始”，两名同学分别开始向前面的同学复述纸条上的话。 4. 复述完以后，前面的两名同学再分别向各自前面的同学复述听到的内容，一直传到最前面的那位同学。 5. 最前面的同学把听到的内容写在黑板上

第四单元

活动名称	一、进化论
准备	相对宽敞的场地即可
活动目的	1. 沟通刚开始时的相互熟悉。 2. 用于制造出快乐、轻松的活动氛围
具体操作	1. 让所有人都蹲下，扮演鸡蛋。 2. 相互找同伴猜拳，获胜者进化为小鸡，可以站起来。 3. 然后小鸡和小鸡猜拳，获胜者进化为大鸡；输者退化为鸡蛋，鸡蛋和鸡蛋猜拳，获胜者才能再进化为小鸡。 4. 大鸡和大鸡猜拳，胜者进化为凤凰；输者退化为小鸡。 5. 继续游戏，看看谁是最后一个变成的凤凰。 预计用时：10 分钟
活动名称	二、风雨同行
准备	1. 有一定的活动空间。 2. 眼罩、口罩、短绳，其他物品可以任意准备
活动目的	通过游戏让学生接纳他人的长处，取长补短，培养学生的团队合作精神

（续表）

具体操作	1. 按 8 人一组分组，在 8 人中规定有 2 个“盲人”、2 个“无脚人”、2 个“无手人”、2 个“哑巴”。 2. 在角色分配完成后，按要求“盲人”戴上眼罩，“哑巴”戴上口罩，“无脚人”捆绑双脚，“无手人”捆绑双手。 3. 主持人把各组带到比赛的起点，让小组成员把所有的物品搬运到终点。 评分：用时最少者为胜。 预计用时：10 分钟
活动名称	三、捆绑过关
准备	绳子或其他可以绑的东西
活动目的	通过这个游戏让学生了解到我们生活的社会是一个大环境，每个人都离不开他人的帮助，只有我们团结合作才能取得成功
具体操作	1. 分组，不限几组，但每组最好两人以上。 2. 每一组组员围成一个圈圈，面对对方；老师帮忙把每个人的手臂与隔壁的人绑在一起。 3. 绑好以后，现在每一组的组员都是绑在一起的了，老师想些任务要每组去完成。题目例子：吃午餐、包礼物、完成美术作品、帮每个组员倒水等。 预计用时：10 分钟
活动名称	四、履带战车
准备	报纸、剪刀、胶带纸
活动目的	培养合作能力，促进人际交往
具体操作	1. 每一组都分到若干报纸、剪刀和胶带纸，要求在最短的时间内做出履带战车，用手托举“履带”，人轮齐动。 2. 以教室的两边为起点和终点以快速走到终点且报纸不断裂为胜。 3. 获取胜利的那组同学说说自己在这个活动中是怎么做的，让自己这组的速度那么快，并说说自己的感悟。 4. 其他没有取得胜利的小组，也说说自己在哪里出现了问题，并感悟胜利的关键在哪里

第五单元

活动名称	一、比一比
活动目的	加深认识
具体操作	1. 分组，不限几组，但每组最好5人以上。 2. 每组轮流派出一个人出来，老师给他看题目；他只能以动作来告知其他组员题目。 3. 视题目的难度来计时，凭小组的得分高低来算输赢
活动名称	二、我猜你猜
活动目的	1. 通过非言语表达，掌握对方表达的信息。 2. 帮助成员更加深入地了解彼此
具体操作	领导者在心中默想一人，但不说出他的名字；此人必须是团体成员中的一人，然后请其他成员来猜他的名字；在猜的过程中，可以向领导者提问，但领导者只能回答“是”或“不是”，最先猜出的人为胜者，然后由胜者在心中默想团体成员中的一人，其他成员来猜；以此类推
活动名称	三、电波传递
活动目的	营造活动气氛，并在积极活跃的气氛中结束此环节的辅导活动
具体操作	1. 先选出5~6人进行“传表情”游戏，其他人在旁作观众。 2. “传表情”的组员一行直排向前望，可坐也可站立，但不可以回头望。 3. 主持人把表情字条如“怒火中烧”“风情万种”等让最后的组员抽出一张；准备好后，组员可以用任何方法传达字条的内容，不可发出声音。 4. “表情”一直传到最前面一位，主持人把答案表让他选择，看看能否猜中所传表情的真正意思。 5. 进行一两次后，在旁观者中选出另一组人，继续游戏。 注意： 1. 在这游戏中，每人都应有机会做旁观者及传表情者，因传表情的过程往往令旁观者捧腹大笑。 2. 最好选一位活泼调皮的组员作为第一位传表情的人

（续表）

活动名称	四、魅力测试站
准备	纸和笔
活动目的	通过这个活动，让学生了解哪些性格是在人际交往中受欢迎的，并努力向这个方向发展
具体操作	1. 领导者描述情景：你参加了一个夏令营，在这个夏令营里你结识了很多性格迥异的人，有真诚的、善解人意的、乐于助人的、体贴的、热情的、善良的、活泼开朗的、风趣幽默的、聪明能干的、自信的、心胸宽阔的、脾气古怪的、不友好的、饶舌的、自私自利的、自负傲慢的、虚伪的、恶毒的、不可信任的、性情暴躁的、孤僻的、冷漠的、固执的、心胸狭隘的等。 2. 组织成员进行讨论：你最不愿意和哪三种人做朋友？最愿意和哪三种人做朋友？并简要地说明理由。请每位成员在心底对自己作一个评判（不需要说出来），你认为自己最类似于以上哪两种人？优缺点各选一个。仔细倾听其他成员对此的评价，从而了解自己的性格在人际交往中的受欢迎程度。 3. 领导者根据成员的发言，记录下每种性格的魅力指数。最愿意和哪三种人做朋友，根据喜欢程度的高低，这三种性格分别记+3、+2、+1分；反之，最不愿意和哪三种人做朋友，根据讨厌程度的高低，这三种性格分别记−3、−2、−1 分。所有成员发言完后，计算每种性格的总分，得出该性格的人际魅力指数。 4. 组织成员进行分组讨论“如何培养最受欢迎的三种性格”，以及“如何克服最不受欢迎的三种性格”。 预计用时：10 分钟

第六单元

活动名称	一、心有千千结
准备	相对宽敞的空地
活动目的	大家可以进行身体接触，并且可以在一起协作，共同想出解决问题的方法
具体操作	1. 成员手拉手，看清楚自己的左手和右手是谁。 2. 确认后松手，在圈内自由走动。 3. 领导者叫停，成员定格，位置不动，伸手拉左右手，从而形成很多的结或扣。 4. 成员不能松手，但可以钻、跨、绕，要求成员设法解决难题，恢复到起始状态。 5. 当排除困难、解决问题时，请成员分享活动的感受。 预计用时：10 分钟

（续表）

活动名称	二、爱在指间
准备	相对宽敞的空间即可
活动目的	让学生体验人际交往中应遵循的交互原则，学会主动表达对他人的接纳、喜欢和肯定
具体操作	1. 将团体成员分成相等的两组，分别围成两个圈，一个内圈，一个外圈；内圈成员背向圆心，外圈成员面向圆心，即内外圈同学两两相视而站；同学在领导者口令的指挥下，做出相应动作。 2. 当领导者发出“手势”的口令，每个成员向对方伸出 1 ~ 4 个手指：伸出 1 个手指表示“我现在还不想认识你”；伸出 2 个手指表示“我愿意初步认识你，并和你做个点头之交的朋友”；伸出 3 个手指表示“我很高兴认识你，并想对你有进一步的了解，和你做个普通朋友”；伸出 4 个手指表示“我很喜欢你，很想和你做好朋友，与你一起分享快乐和痛苦”。 3. 当领导者发出“动作”的口令，成员就按下列规则做出相应的动作：如果两人伸出的手指不一样，则站着不动，什么动作都不需要做；如果两人都伸出 1 个手指，那么各自把脸转向自己的右边，并重重地跺一下脚；如果两人都伸出 2 个手指，那么微笑着向对方点头；如果两人都伸出 3 个手指，那么主动热情地握住对方的双手；如果两人都伸出 4 个手指，则热情地拥抱对方。 4. 每做完一组“手势—动作”，外圈的同学就分别向右跨一步，和下一个同学相视而站，跟随领导者的口令做出相应的手势和动作；以此类推，直到外圈和内圈的每位同学都完成一组“手势—动作”为止。 5. 分享：握手和拥抱让你感觉如何？当你看到别人伸出的手指比你多时，你心中的感觉是怎样的？当你伸出的手指比别人多时，心中的感觉又是怎样的？当你们伸出的手指一样多时，感觉如何？从这个游戏中你得到什么启示？ 6. 领导者点评：在人际交往中，我们有一个共同的倾向——希望别人能承认自己的价值，支持自己、接纳自己、喜欢自己；但是任何人都不会无缘无故地喜欢、接纳我们，别人喜欢我们也是有前提的，那就是我们也要喜欢他们，承认他们的价值；也就是说，人际交往中喜欢与讨厌、接近与疏远是相互的；一般而言，喜欢我们的人，我们才会去喜欢他；愿意接近我们的人，我们才会去接近他；而对于疏远厌恶我们的人，我们也会疏远或厌恶他；因此，在人际交往中，我们应遵循交互原则；对于交往的对象，我们应首先主动敞开心扉，接纳、肯定、支持、喜欢他们，保持在人际关系中的主动地位，这样别人才会接纳、肯定、支持、喜欢我们。 7. 分小组讨论：人际交往中可以通过哪些方式来主动表达对他人的接纳、喜欢和肯定。 8. 领导者总结：与人主动交往的方式，如主动与人打招呼、主动帮助别人、主动关心别人、主动约别人一起出去玩等。 预计用时：15 分钟

（续表）

活动名称	三、一圈到底
准备	呼啦圈两个
活动目的	使学员彼此以语言沟通，完成低难度活动
具体操作	所有学员手拉手围成一圈，用呼啦圈穿过所有人的身体回到原位；在活动过程中，只能以语言为工具，相互拉着的手不能放开，也不能用手指去勾呼啦圈；计时，可多玩几次，看最快用了几秒完成。 结束后，领导者带领成员讨论： 1. 各位刚才是如何完成目标的？ 2. 刚才最关键的改善动作是什么？ 3. 大胆请教各位，平时是否也能这样互动，相互模仿学习？ 4. 你认为刚才的活动过程中对团队最有帮助的一点是什么？ 变化：可以思考以不同方式传递呼啦圈。 预计用时：15 分钟
活动名称	四、笑容可掬
准备	相对宽敞的空地即可
活动目的	本团体活动以一个很热闹的形式，加强了团队成员之间的沟通与交流，同时能够增进彼此之间的感情
具体操作	1. 让学员站成两排，两两相对。 2. 各排派出一名代表，立于队伍的两端。 3. 相互鞠躬，弯腰成 90 度，高喊 * * * 你好。 4. 代表向前走，交会于队伍中央，再相互鞠躬高喊一次。 5. 鞠躬者与其余成员均不可笑，笑出声者即被对方俘虏，需排至对方队伍最后入列。 6. 依次交换代表人选。 相关讨论 1. 这个游戏给你最大的感觉是什么？做完这个游戏之后，你有没有觉得心情格外舒畅？ 2. 本游戏给你的日常生活与工作以什么启示？ 预计用时：10 分钟

（续表）

活动名称	五、肢体语言
准备	让学员认识到肢体语言是人际沟通中一种重要的技巧
活动目的	活跃气氛，体验人际接触的敏感问题
具体操作	1. 将学员们分为2人一组，让他们进行2～3分钟的交流，交谈的内容不限。 2. 当大家停下以后，请学员们彼此说一下对方有什么非语言表现，包括肢体语言或者表情，比如有人老爱眨眼，有人会不时地撩一下自己的头发；问这些做出无意识动作的人是否注意到了这些行为。 3. 让大家继续讨论2～3分钟，但这次注意不要有任何肢体语言，看看与前次有什么不同。 相关讨论： 1. 在第一次交谈中，有多少人注意到了自己的肢体语言？ 2. 对方有没有什么动作或表情让你觉得极不舒服，你是否告诉他了你的这种情绪？ 3. 当你不能用你的动作或表情辅助你的谈话的时候，有什么样的感觉？是否会觉得很不舒服？ 预计用时：10分钟

第七单元

活动名称	一、回首来时路
准备	背景音乐、指导语
活动目的	帮助学员在轻松的气氛中总结和整理收获
具体操作	1. 调节好室内的光线、通风和音响音量的大小，让成员除去身上有压迫感的物品，如眼镜、手表、首饰，身上过紧的衣服、皮带、鞋带等，然后调整坐姿直到最舒服为止。 2. 领导者指导成员进行缓慢而有节奏的深呼吸，并要求他们保持这种呼吸的节奏，然后在轻柔的背景音乐中，用指导语引导成员进行想象，如“想象你正躺在树林里一片舒服的草地上，阳光透过树梢暖暖地照在你的身上，风柔柔地吹拂着你的脸庞，树林里很安静，草丛里有一种不知名的虫子在轻声地吟唱。树林的前方隐隐约约有一条路，弯弯曲曲地不知通向何方，你想探个究竟，于是站起身来，开始沿着

（续表）

	这条路往前走。路开始还比较宽阔，但越往前走变得越来越狭窄，像是进入了一个没有尽头的隧道，隧道的前方隐隐约约有一些亮光。隧道旁边立有一些路牌，路牌上的字迹已经有些模糊，不过你仔细辨认，还是能看清上面写着‘时光隧道’四个字……”；接着，领导者开始用指导语引导成员回顾团体的整个过程。 3. 采用轮圈发言的形式，请每位成员将下列句子补充完整。 （1）我印象最深刻的团体活动是……因为…… （2）我觉得在这个团体中最大的收获是…… （3）我感觉自己参加团体后发生了……的变化 （4）我觉得团体可以改进的地方是…… 预计用时：30 分钟
活动名称	二、请在我的后背留言
准备	纸、笔和双面胶
活动目的	帮助学员从别人眼中了解自己，为今后的人际交往增加自信，也增进了学员之间的友谊
具体操作	1. 给每位成员发一张 A4 白纸，在别人的帮助下将纸用双面胶贴在自己的身后。 2. 放起事先准备好的轻松愉快的音乐，鼓励学生在教室里走动开。 3. 用笔在别人的背上留下美好的祝福或是悄悄话，但不要留下姓名。 4. 结束后，让每个人将背后的纸取下，互相交流感受。 预计用时：20 分钟
活动名称	三、大团圆
准备	《友谊天长地久》的音乐
活动目的	1. 让全体成员在歌声中感受到团体的温暖。 2. 留下良好祝愿，友好结束团体活动
具体操作	所有成员站成一个大圈，面朝圆心，将两手分别搭在左右成员的肩膀上，然后随着《友谊地久天长》的背景音乐有节奏地左右摇摆，并一起轻声哼。 预计用时：10 分钟

第四章　心理危机干预

干预技术

心理危机干预中的稳定化技术

危机事件会摧毁当事人的力量感与自控感，轻则在相当长的时间里感觉失落、无助，重则会导致人格解体与崩溃。因此，我们需要及早地、有针对性地使当事人与相关回忆和感受保持适当距离，恢复对日常生活的掌控，从而有能量和信心去面对巨大的创伤记忆。

稳定化技术，就是心理咨询师通过引导想象练习帮助当事人在内心世界中构建一个安全的地方，适当远离令人痛苦的情景，并且寻找内心的积极资源，激发内在的生命力，重新激发解决和面对当前困难的能力，促进其对未来生活的希望。因此，该技术主要用于危机干预的初始阶段，以帮助当事人将情绪和认知水平恢复为常态，从而接受下一步的治疗措施。

根据心理学家雷德曼对许多观点的总结与梳理，稳定化技术主要有四种，分别是保险箱、内在智者、遥控器和安全岛技术。

一、保险箱技术

这种技术可以看成是想象练习的“第一堂课”，因为第一次接触它就很容易学会，有助于当事人掌控自己的创伤性经历，或有意识地对之进行排挤，从而使自己——至少是短时间地，从压抑的念头中解放出来。能够把创伤性材料“打包封存”是当事人至少能保留劳动的前提条件。

在保险箱技术中，我们要求当事人将创伤性材料锁进一个保险箱，而钥匙由他自己掌管，并且他可以自己决定，是否愿意以及何时想打开保险箱的门，来探讨相关的内容。具体的引导词可参考如下语句：

请想象在你面前有一个保险箱，或者某个类似的东西。

现在请你仔细地看着这个保险箱：

——它有多大（多高、多宽、多厚）？

——它是用什么材料做的？

——是什么颜色的（外面的、里面的）？

——壁有多厚？

——这个保险箱分了格，还是没分格？

——仔细关注保险箱：箱门好不好打开？关箱门的时候，有没有声音？

——你会怎么关上它的门？钥匙是什么样的？

当你看着这个保险箱，并试着关一关，你觉得它是否绝对牢靠？如果不是，请你试着把它改装到你觉得百分之百可靠。然后，你可以再检查一遍，看看你所选的材料是否正确，壁是否足够结实，锁也足够牢实……必要时可以帮助对方想象：锁是密码数字，是挂锁，是转盘式的，还是同时有多种锁型？针对年轻人，或是对技术感兴趣的当事人，应该允许他们对“新型的”锁具开展想象，比如遥控式的，或通过电脑操纵的锁。

现在请你打开你的保险箱，把所有你带来的有压力的东西，统统装进去……

锁好保险箱的门，想想看，你想把钥匙（根据不同类型的锁：写有密码数字的纸条、遥控器等）藏在哪儿。

如果完成了，就请你集中自己的注意力，回到这间房子来。

操作要点：

（一）保险箱是绝对安全的，其他任何人用任何方法都无法打开

想象过程中，一定要强调保险箱是绝对安全的，除了自己，谁都无法打开它。只有这样，当事人才愿意将自己的秘密存放在其中。

（二）当事人不知道如何把素材放进保险箱时，需要咨询师进一步的引导

在想象的过程中，有些当事人一点都不费事，有些则需要帮助，因为

他们不知道如何把感觉、可怕的画面等东西装进保险箱。此时，我们应该帮助当事人把心理负担“物质化”，并把它们不费多大力气地放进保险箱。例如：

感觉（比如，对死亡的恐惧）以及躯体不适（比如，疼痛）：给这种感觉/躯体不适设定一个外形（比如，巨人、章鱼、乌云、火球），尽量使之可以变小，然后把它们放进一个小盒子或类似的容器里，再锁进保险箱里。

念头：在想象中，将某种念头写在一张纸条上（比如，是用某种看不见的神奇墨水，人们只能以后用某种特殊的东西才能使之显现），将纸条放进一个信封封好。

内在电影：将相关内容设想为一部电影录像带，必要时将之缩小、去除颜色、倒回到开始的地方，再把磁带放进保险箱。

（三）保险箱应该放在合适的地方

引导当事人把保险箱放在他认为合适的地方。这地方不应该太近，而应该在他力所能及的范围里尽可能地远一些，并且在他以后想去看这些东西的时候，就可以去。原则上，所有的地方都是可以的，比如，可以把保险箱沉入海底，或发送到某个陌生的星球等。但有一点要事先考虑清楚，就是如何能再次找到这个保险箱，比如，使用特殊的工具或某种魔力等。保险箱同样也不适合放在治疗室中，也不要放在别人能找到的地方，比如，某位自己讨厌的同事的院子里……

（四）钥匙要放在自己容易找到的地方

钥匙要放在自己容易找到的地方，如果是密码的话，自己一定要记住。最好不要把它扔掉或弄丢了，否则当事人就没有了寻找创伤性材料的途径了。从心理卫生的角度来讲，钥匙或者其他锁具也不要藏在治疗室里。

二、内在智者技术

这种技术可以帮助遭受创伤的人在内心构建出一个积极的、有力量的帮助者，它可以在你感觉不错的时候陪伴你，也可以在你有问题的时候帮助你。具体的引导词可参考如下语句：

请把注意力从外部转向你的内部，仔细观察一下自己的丰富的内心世界。

现在，请你和你自己的智慧这一部分建立起联系，这听起来似乎有些抽象，但你与自己的内在智者一定打过交道，或许你只是没这么叫过它。

内在智者只有当你的注意力非常集中的时候，才会被察觉到。它能客观观察和评论此时此刻正在发生的事情，可以说，内在智者是一个不会撒谎的裁判，它会告诉你什么是对的、什么是好的、什么是真的。如果暂时想不到，你可以回想一下，是否曾经在做完某件事情之后，就会懊悔地想“天呐，我刚才都做了些什么”，这些都是内在智者发出的声音。

下面，我想邀请你，为你自己构建一个存在于你内心深处的内在智者，它可以是人，也可以是物，它永远都在你的心里，当你需要的时候，它会全力帮助你。

请让所有的感觉自由延伸，看一下你的内在智者是什么样子的，你听到了什么，感觉到了什么。请开启你所有的感官，让它自由出现，然后留住它。

如果有什么不舒服的东西出现，请告诉它们，它们不受欢迎，然后把它们送走，你现在只想遇见有用的东西。对于其他的东西，只有在你想跟它们打交道的时候，它们才可以出现。

如果你能建立这种关系，你就可以让这位智者为你提供一些建议和帮助，请你想一想，你有哪些重要的问题要问它，或者想请它提供哪些帮助或支持。

请使你的问题或要求更加明确清楚一些，请你对每一种回答敞开心怀，不要对它做出太多的评价。

如果你已经得到一些答案，请你对这种友好的帮助表示感谢，你也可以设想，经常请这位内在智者来到自己身边；你也可以请求它经常陪伴在你身边。

如果你希望，但到现在还没有和你的内在智者建立联系，就请你常常做这个练习。总有一天，这种联系会建立起来。

现在，请你集中自己的注意力，回到这间房子里来。

操作要点：

（一）内在智者可以是人，也可以是物，不要拘泥于形式

内在智者，也称为内在帮助者或内在观察者。它通常具有超乎常人的

力量或能力。它可以是一种动物，可以是一个物品，可以是童话故事里的一个人物形象，甚至可以是一块会说话的石头。无论任何时候，它都能在你需要的时候，给你支持、保护、安抚、支撑。

（二）可以用某个手势来代表内在智者，当做这个手势时，内在智者就会出现

引导当事人设计一个只有他自己知道的手势来代表他的内在智者。在以后的日子里，每当他有意识或者无意识感到需要的时候，只要一做这个手势，他的内在智者就会立即出来帮助他，给他力量，去解决一切问题。

三、遥控器技术

这种技术是通过在内心构建一个遥控器，从而对危机事件后可能经常闪回的“图像”有着最佳的掌控能力，常和保险箱技术一起使用。引导语可以参考以下语句：

请你设想一下，现在你的手上拿着一个遥控器，并可以通过它来调整静止的或动态的画面或图像。想一想遥控器的样子，你也可以自己设计一个新的款式。

它是什么样的？是用什么材料做成的？整体是什么颜色的？那些按钮是什么颜色的？上面的按钮是多还是少？按下按钮时的感觉是什么？是那种软橡胶的还是硬塑料的？将遥控器拿在手上的感觉是什么样的？很轻还是有点重？很合手，还是有什么地方需要做些改进？在想象里，怎么做都可以……

现在请你再把它拿在手上，感受一下，看看你对它是不是满意，或者你还想做哪些调整？如果想调整的话，就再花一点时间调整。如果你已经比较满意了，就可以欣赏一下你自己设计的遥控器……

现在对遥控器款式的设计已经完成了，但它还应该好用。也就是说，你可能还要在技术性上花一点时间……

为你的遥控器再设置一些你所喜欢和需要的功能，如果你对技术不太在行，我可以提供一些线索。比如说，电源的开启或关闭、快进或快退、让画面停顿或继续、使画面更亮或更暗、让对比度更高或更低、变焦效果（拉近或推远）、声音调大或调小等功能。

不用着急，你悠闲地把遥控器设计好，直到满意为止……

现在请你找出一段积极的回忆内容（可以是一个小的场景，就像电影里的一个小片段）……找到这一幕以后，请你来调适你的遥控器的各种功能。每一次都找出一个特定的功能，请你留意观察，看看它是否能很好地对画面进行调控。

不要着急，在你练习使用各种画面调节功能时，一定要有足够的耐心。根据当事人的情况不同，我们可以将引导词发挥得更加具体："请按下停止键，看看发生了什么？按下开始键，又发生了什么？在画面进行的过程中，按下暂停键，发生了什么？现在把焦距调近一点，发生了什么？"……

请你把积极的影片用定格（或暂停键）停止或倒回到最美的一幕，把这一幕或这张图片处理成常规的尺寸，使之能装进一个小巧精美的相框。仔细观察这张画，把它挂在你家里最漂亮的一个地方，再次仔细观察品味它……

接下来请继续你的试验，再截取一幕对你来说不太舒服的画面（如果从0~10评分代表主观不适感，0代表没有不适，10代表非常不适，建议：此处画面带来的不适感至少应该为4）。

看到这一幕，还是请你用手上的遥控器对它做一点调整，使得画面不那么流畅清晰，从而也就不那么使你感到难受（比如，快进、降低对比度，使之模糊）。

请把让你不太舒服的那一幕再倒回到开始的地方，取出录像带，把它放进保险箱或其他不太妨碍你，但你又能拿到的地方。

请你再次看一下刚才截取的最美的画面，仔细观察一下这张画，直到你能再次清晰地体验到这幅画所带来的积极情绪为止……

请你把这种良好的情绪保留一会儿，然后再把注意力集中到这个房间里来……

操作要点：

（一）遥控器控制的画面要从令人舒服的画面到令人不舒服的画面

在做遥控器练习时，先让当事人回忆或者想象令人舒服的画面，然后想象通过遥控器的各种功能来控制画面，当对遥控器的各种功能运用得比较熟练的时候，再让当事人用遥控器对令人不太舒服的画面进行控制，且不可一上来就练习控制令人不舒服的画面，以免当事人产生抵触心理。

（二）遥控器技术往往会和保险箱技术结合使用，因此，在使用遥控器技术之前，最好先帮助当事人掌握保险箱技术

我们在使用遥控器技术时，往往会引导当事人把经过处理的画面放入保险箱中。如果当事人对保险箱技术一无所知的话，可能不知道后续该如何处理。所以，在运用遥控器技术之前，最好先让当事人掌握保险箱技术。

四、安全岛技术

安全岛技术是稳定化技术中的一种，就是引导当事人想象一个令他感到绝对舒服和惬意的地方，它可以是真实存在于现实世界中的，也可以是他想象出来的地方。这个地方受到了良好的保护，有一个安全的边界。未经他的允许，其他人是不能进入这个地方的，这里只有他一个人可以来。

人在遭遇了危机事件后，情绪上会有剧烈的波动起伏，通过想象安全岛，可以重建内心的安全感，并调节改善情绪。因此，想象的画面并不重要，想象中的体验才是最重要的。安全岛技术最重要的工作就是强化这种体验。具体的引导词可参考如下语句：

现在，请你在内心世界里找一找，有没有一个安全的地方，可以让你感觉到绝对的安全和舒适。它可能存在于你的想象世界里，也可能就在你的附近，无论它在这个世界或者这个宇宙的什么地方……

你可以给这个地方设置一个界限，这里只属于你一个人，没有你的允许，谁也不能进来。如果你觉得孤单，可以带上友善的、可爱的东西来陪伴你、帮助你，但是，真实的人不能被带到这里来……

别着急，慢慢考虑，找一找这么个神奇、安全、惬意的地方，直到这个安全岛慢慢在自己的内心清晰、明确起来……

或许你看见某个画面，或许你感觉到了什么，或许你首先只是在想着这么一个地方，让它出现，无论出现的是什么，就是它啦……

如果在你寻找安全岛的过程中，出现了不舒服的画面或者感受，别太在意这些，而是告诉自己，你只是想找一个美好的、使你感到舒服的、有利于你恢复心情的地方……

你可以肯定，肯定有一个地方，你只需要花一点时间、花一点耐心……

有时候，要找到一个这样的安全岛还有些困难，因为还缺少一些有用的东西。但你要知道，为找到和装备你内心的安全岛，你可以利用你想到的器具，比如交通工具、日用工具、各种材料，当然还有魔力、一切有用的东西……

当事人描述其内心活动的过程中，咨询师应伴随其左右，通过多次提问而使其想象中的画面更加清晰起来：

你的眼睛所看见的，让你感到舒服吗？如果是，就留在那里；如果不是，就变换一下，直到你的眼睛真的觉得很舒服为止……

气温是不是很适宜？如果是，那就这样；如果不是，就调整一下气温，直到你真的觉得很舒服为止……

你能不能闻到什么气味？舒服吗？如果是，就保留原样；如果不是，就变换一下，直到你真的觉得很舒服为止……

环顾一下左右，看看这个安全岛是否真的让你感到完全放松、绝对安全、非常惬意……

如果有哪里让你不舒服的话，你可以利用各种手段对其作出调整……看看这里是否还需要添加什么东西，才会让你感觉非常安全和舒适……

把你的小岛装备好了以后，请你仔细体会，你的身体在这样一个安全的地方，都有哪些感受？你看见了什么？你听见了什么？你闻见了什么？你的皮肤感觉到了什么？你的肌肉有什么感觉？呼吸怎么样？腹部感觉怎么样？

请尽量仔细地体会现在的感受，这样你就知道，到这个地方的感受是什么样的……

如果你在这个小岛上感到绝对的安全，就请你用自己的躯体设计一个特殊的姿势或动作。以后，只要你一摆出这个姿势或者一做这个动作，它就能帮你在想象中迅速地回到这个地方来，并且让你感觉到舒服。你可以握拳，或者把手摊开。这个动作可以设计成别人一看就明白的样子，也可以设计成只有你自己才明白的样子。

请你带着这个姿势或者动作，全身心地体会一下，在这个安全岛的感受有多好……

撤掉你的这个动作，回到这个房间里来。

操作要点：

（一）安全岛上不可以把真实的人带进来

如果当事人感觉到很孤独，也可以找一些有用的、友好的物件或小动物带着。但是，不能是人，亲人朋友也不可以，因为只要涉及人与人之间的关系，就有可能产生压力感，而安全岛上是不应该有任何压力存在的，这里只有好的、保护性的、充满爱意的东西。

（二）要设置好界限，确保外人或者其他动物不可闯进来

在想象的过程中，需要花时间设置好界限，确保这个界限是非常安全的，任何人或者其他动物都是没办法闯进来的，这样才能成为名副其实的“安全岛”。

紧急事件应激晤谈在校园心理危机干预中的运用

紧急事件应激晤谈（Critical Incident Stress Debriefing，以下简称CISD）又称集体（心理）晤谈或危机事件应激报告模式，是一种会谈式的心理危机干预技术，旨在缓解个体在突发事件后可能出现的急性应激障碍或创伤后应激障碍，防止个体在经历突发事件后出现心理创伤。CISD技术最初是由米歇尔提出，主要运用于紧急服务机构的一线救援人员，如消防人员、警察、士兵、紧急医疗机构人员及其他灾难救援工作者，属于早期危机干预模型范畴，通常在危机发生后约24小时进行。而后，米歇尔、艾弗里和弗兰纳雷对CISD进行修改完善并极力推广，使CISD的适用对象扩展到遭受各种心理创伤的个人和团体，CISD也成为一种系统化的、全程性的危机干预模型。

一、CISD的实施流程

第一期：介绍期。实施者进行自我介绍，介绍CISD的规则、程序及整个晤谈过程所需的时间，回答可能的相关问题，详细解释保密原则。晤谈不是心理治疗，而是一种减少创伤事件所致的正常应激反应的方法。

第二期：事实期。实施者请每一位参加者依次描述事件发生时或发生之后他们自己及事件本身的一些实际情况；询问参加者在这些严重事件过程中的所在、所闻、所见和所为。目的是帮助每个人从自身的角度描述事件，使事件得以完整重现，然后参加者会感到整个事件由此而真相大白。

第三期：感受期。实施者请参加者依次描述其对事件的认知反应、自己的应激反应综合征症状。这一时期工作的目的是进一步接近情感的表达。实施者可以询问此时每个参加者的感受如何，以及在交谈时的感受怎样。

第四期：症状期。实施者询问事件过程中参加者有何不寻常的体验，目前有何不寻常的体验，事件发生后生活有何改变，请参加者讨论其体验对家庭、工作和生活造成了什么影响和改变。目的是识别参加者希望分享的应激反应，开始将情感领域转向认知领域。

第五期：辅导期。实施者介绍正常的反应，使应激反应常态化；提供应激管理技巧，强调适应能力；讨论积极的适应与应付方式，动员自身和团队的资源相互支持；给出减轻应激的策略；自我识别症状。

第六期：恢复期。澄清不正确的观念；总结晤谈过程，回答问题；提供保证；讨论行动计划；重申共同反应；强调小组成员的相互支持；可利用的资源；主持人总结。

整个过程需 2 ~ 3 小时。严重事件后数周内进行随访。

二、CISD 在校园心理危机干预中的应用

2019 年 1 月 7 日，某校发生学生坠楼事件。两名男生 7 点左右起来晨读，在寝室楼 1 楼楼梯拐角处发现有个人趴在地上，赶紧向学校报告。救护车赶到的时候，医务人员发现人已经死亡，推测可能是昨天夜里或者当日凌晨坠楼身亡的。

经学校邀请，笔者被派去负责做心理危机干预工作。在前期调查的基础上，1 月 8 日，笔者对部分学生进行了紧急事件应激晤谈。

（一）参加人员

笔者和一名助手，两名目击者，坠楼者同寝室的另外 5 名同学，坠楼者的 3 位好友，一共 12 人。

（二）大致流程

1. 介绍期

笔者和助手首先做了自我介绍，然后介绍了本次晤谈的目的和程序，并强调了保密原则，再让其他成员依次进行自我介绍。

2. 事实期

引导参与人员依次讲述自己看到了、听到了、闻到了什么。两名目击者讲述了发现尸体的过程；同寝室的大部分同学在睡梦中没有听到任何声音，只有一位同学隐约听到开门和关门的声音；3 位好友讲述了 6 号晚上睡觉之前和坠楼者之间的沟通过程。

3. 感受期

引导参与人员依次讲述自己的感受。一位目击者感觉到非常可惜，另外一位感觉到有些害怕，感叹人怎么会如此脆弱。同寝室的同学大都觉得还不能接受这个事实，不相信他会选择以这种方式离开大家。3 位好友也

觉得无法接受，感觉像做梦一样，其中一位还感觉很愧疚。

4. 症状期

询问大家事件发生以后出现了哪些症状，大家依次讲述。一位目击者说没有什么影响，另外一位目击者说昨晚躺在床上一直睡不着，大脑中总是出现当时的画面。同寝室的同学大都出现闪回的症状，其中一位同学不敢闭眼，一闭眼就会出现坠楼者从楼上飞下来的画面。3 位好友也都出现了闪回的症状，久久无法入睡。

5. 辅导期

笔者向大家介绍了林德门的急性悲伤症状报告，报告指出正常的悲伤现象包括：① 某种形式的身心症状或生理不适，② 逝者影像云扰脑海不去，③ 对逝者或者死亡发生当时情境感到愧疚，④ 敌意反应，⑤ 失去遭遇失落前的生活功能，⑥ 发展出逝者曾有的行为特质。具体的悲伤反应还包括感觉、生理感官知觉、认知和行为四个层面，使大家明白一定时期内出现这些症状和表现都是正常的。笔者还向大家介绍了安全岛和保险箱技术，在助手的带领下，大家练习了这两项技术。

6. 恢复期

笔者询问大家还有哪些问题，并对这些问题一一进行了回答。笔者给大家留下了自己和助手的联系方式，并承诺这几天我们都会在学校心理咨询室值班，如果有问题可以在规定的时间到心理咨询室寻求帮助。

三、应用 CISD 时的注意事项

（一）要对参与的成员进行筛选

并不是所有的人员都适合参加紧急事件应激晤谈，比如情绪尚未稳定者，可能会影响晤谈的进程。对于家中亲人去世者，不适宜参加集体晤谈。这些人可能会加重其他人的创伤。所以，晤谈之前有必要对成员进行筛选，以保证晤谈的有效性。

（二）允许个别成员保持沉默

组织者要打消参与者的顾虑，如果参与者觉得在小组内讲话不舒服，可以保持沉默。团队领导者要尊重参与者沉默的权利，不要强迫参与者开口讲话。

（三）要与其他形式与技术相结合

心理危机干预是一项系统工程，紧急事件应激晤谈并不能解决所有问题。对于严重者来讲，一次晤谈还是远远不够的，之后可能还需要进行个体心理咨询。危机事件影响的人数也是比较多的，一次晤谈的人数是有限的，所以还需要和心理辅导课、心理讲座相结合，使更多的人接受心理危机干预。

参考资料

[1] 梁杰华，熊少青. 紧急事件应激晤谈研究综述 [J]. 科技展望，2016 (20)：265-267.

[2] 刘影. 紧急晤谈技术在学校心理咨询中的应用 [J]. 速读（上旬），2016 (2)：163.

[3] 姜荣环，马弘，吕秋云. 紧急事件应激晤谈在心理危机干预中的应用 [J]. 中国心理卫生杂志，2007 (7)：496-498.

第五章　生命教育

理论研究

核心素养视角下的三育融合

《中国学生发展核心素养》研究成果于2016年9月13日在北京发布。核心素养以培养“全面发展的人”为核心，分为文化基础、自主发展、社会参与3个方面，综合表现为人文底蕴、科学精神、学会学习、健康生活、责任担当、实践创新六大素养，具体细化为国家认同等18个基本要点。该成果是教育部委托北京师范大学，联合国内高校近百位专家成立课题组，历时3年完成的。

学生发展核心素养指学生应具备的，能够适应终身发展和社会发展需要的必备品格和关键能力，是关于学生知识、技能、情感、态度、价值观等多方面要求的综合表现。

其中，健康生活这一素养包含珍爱生命、健全人格和自我管理3个基本要点，《中国学生发展核心素养》研究成果中表述如下：

珍爱生命：理解生命意义和人生价值；具有安全意识与自我保护能力；掌握适合自身的运动方法和技能，养成健康文明的行为习惯和生活方式等。

健全人格：具有积极的心理品质，自信自爱，坚韧乐观；有自制力，能调节和管理自己的情绪，具有抗挫折能力等。

自我管理：能正确认识与评估自我；依据自身个性和潜质选择适合的

发展方向；合理分配和使用时间与精力；具有达成目标的持续行动力等。

不难看出，这3个基本要点相对应的实施途径分别是生命教育、心理健康教育和生涯教育。这三者目标相近、内容相通，如果在实施过程中能够融合起来，对学生的发展是非常有利的。但是在实际开展的过程中，我们往往容易将三者割裂开来，或顾此失彼，或本末倒置。因此，理顺三者的关系并将三者融合起来尤为重要。

一、三育的关系

生命教育、心理健康教育和生涯教育是怎样的关系？有的学者认为生命教育包含心理健康教育和生涯教育。

以中国台湾地区为例，生命教育的内涵包括“一个理念、两个方向、三大目标、四个向度、五种取向”（详见表1）。我们可以看出，在中国台湾地区，心理健康教育和生涯教育只是整个生命教育课程体系的一部分。

表1　中国台湾地区生命教育的内涵

一个理念	全人教育：活在天、人、物、我的均衡关系中
两个方向	1. 生命：为何而活——探讨生命意义与本质。 2. 生活：如何生活——寻求生活目标、追求丰盛人生
三大目标	1. 正面积极的人生观：肯定、欣赏、尊重、关怀与服务生命。 2. 安身立命的价值观：良知、真善美、道德价值、终极信仰的建立。 3. 调和个体的知情意行：人格统整、情绪管理、自我实现与超越
四个向度	1. 人与自己：认识自己、欣赏与尊重自己，发挥潜能。 2. 人与他人：与人和睦、群体伦理、关怀弱势。 3. 人与环境：建立生命共同体，经营自然和人文环境的永续发展。 4. 人与宇宙：寻得永恒价值、生命归宿等信仰所提供的答案
五种取向	1. 宗教教育取向：生命意义、死后归宿、终极信仰（安身立命）。 2. 健康教育取向：生理卫生、心理卫生、生态保育（健康快乐）。 3. 生涯规划取向：认识自我、发展潜能（自我实现）。 4. 伦理教育取向：思考能力、自由意志、良心道德的培养（伦理行为）。 5. 死亡教育取向：珍惜人生、超越悲伤、临终关怀、安宁照顾（生死尊严）

也有学者认为心理健康教育包含生命教育和生涯教育，或者有的学者认为生涯教育包含心理健康教育和生命教育。

在《中国学生发展核心素养》中，这三者都属于“健康生活”这一核心素养下紧密相连而又相对独立的三个部分，笔者认为可以用图1来表示。

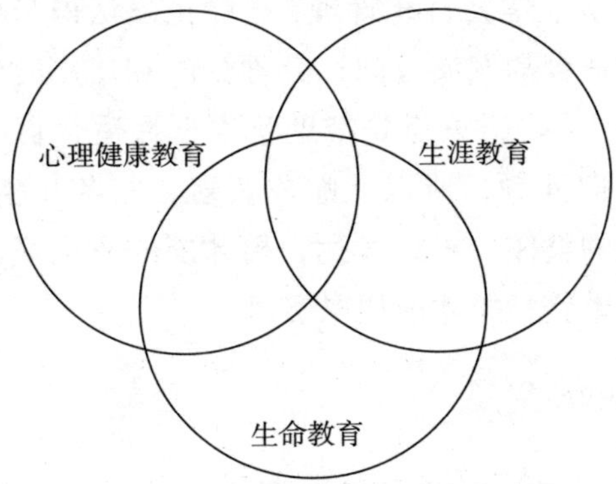

图1　生命教育、心理健康教育和生涯教育的关系

笔者认为，三者虽然相对独立，自成一体，但是更像一个整体的3个部分。如果把这个整体部分比喻成一棵树的话，生命教育是树根，心理健康教育是树干，生涯教育是树冠，可以用图2来表示。

图2　“三位一体”的三育融合模型

我们从《中国学生发展核心素养》中可以看出，生命教育的目标之一是“理解生命意义和人生价值”，更多是解决学生人生观和价值观的问题，

属于根源性的问题，比喻成树根最恰当不过了。心理健康教育的主要目标是培养学生健全的人格，培养学生“具有积极的心理品质，自信自爱，坚韧乐观；有自制力，能调节和管理自己的情绪，具有抗挫折能力等”，从人格方面入手，解决的是成长中的核心问题，所以比喻成树干。而生涯教育的主要目标是教学生学会自我管理，“能正确认识与评估自我；依据自身个性和潜质选择适合的发展方向；合理分配和使用时间与精力；具有达成目标的持续行动力等”，重点是帮助学生选择适合自己的发展方向，解决的是成长中的方向问题，所以比喻成树冠。三者互相依存，彼此滋养，形成一个紧密相连的整体。根系发达，树才能屹立山巅；主干粗壮，树才能不畏风雨；枝叶繁盛，树才能招凰引凤。

二、三育融合的意义

（一）三育融合有利于学生的长远发展

由于种种原因，在实践过程中三育并没有很好融合起来，因此它们之间常常是割裂的，或者融合不够紧密。比如心理健康教育开展得比较早，后来随着高考改革的推进，生涯教育受到越来越多的关注和重视，有些地区在推进生涯教育的过程中，竟然直接用生涯课取代了心理课，这种做法就值得商榷了。上文中我们已经提到，生命教育是树根，心理健康教育是树干，生涯教育是树冠。用生涯教育代替心理健康教育，岂不是本末倒置？

这种做法本身也不利于学生的长远发展。一个人如果懂得生命的价值和意义，产生心理问题的可能性相对就比较低，即使产生了心理问题，也更容易恢复健康。一个人的心理是健康的，相对来讲他更容易做出正确的选择，即使选择出现了偏差，他也具备较强的能力来适应或者改变现实。如果不懂得生命的价值和意义，或者心理是不健康的，即使他懂得再多的选择的技巧和方法，也是走不远的。

只有将三者结合起来，不但解决学生发展中的根源问题，也不放过学生发展中的核心和方向问题，才能更有利于学生的长远发展。

（二）三育融合有利于形成系统的德育课程体系

生命教育、心理健康教育和生涯教育在实践的过程中，形成了各自的课程体系。虽然叫作“生命教育”“心理健康教育”或者“生涯教育”教材，其实很多内容都有交叉或者重叠的部分，只是不同的教材侧重点不同。即使有的教材尝试将三者融合，但是做得还不够到位。

如果剔除生命教育和生涯教育的内容，单独以心理健康教育的内容做教材，恐怕难以形成一个从小学到高中的系统的课程体系，生命教育或生涯教育的内容单独做教材更不要说了。而且，如果生命教育、心理健康教育和生涯教育各自为政，成为独立的三门课程，课时也根本无法得到保证。

如果将三育融合，根据学生身心发展的特点，不同的年级设置不同的内容，就可以形成一个从小学到高中的系统的德育课程体系。

2006 年 9 月 1 日正式实施的、新修订的《中华人民共和国义务教育法》第三十六条明确规定："学校应当把德育放在首位，寓德育于教育教学之中"。2010 年发布的《国家中长期教育改革和发展规划纲要（2010—2020 年)》中也提出"坚持以德育为先"。德育的重要性不言而喻。

如果将三育融合，还可以将性健康教育、安全教育、毒品预防教育和艾滋病预防教育等内容融合进去，形成系统的德育课程体系（不妨就叫"健康生活"课)，使得德育发挥更大的作用和价值。

（三）三育融合有利于学校各部门形成合力

三育融合可以集中原来分散的生命教育、心理健康教育和生涯教育的师资力量，形成合力，将生命教育、心理健康教育和生涯教育深入、持久地开展下去。如果三育依旧"单兵作战"，无法形成系统的课程体系，课时依旧无法得到保障，教师资源得不到整合，三育也将最终流于形式。

综上所述，《中国学生发展核心素养》帮我们重新认识了生命教育、心理健康教育和生涯教育的关系，如果能够在学校工作中将三育融合，形成以三育为核心的系统的课程体系，对学校的德育工作是不无裨益的。

参考资料

[1] 核心素养研究课题组．中国学生发展核心素养［J］．中国教育学刊，2016（10)：1-3.

[2] 张美云．生命教育的理论与实践探究［D］．上海：华东师范大学，2006.

利用生命年轮开展生命教育的实践与思考

生命年轮是笔者在日常教学活动中摸索出来的一项主题活动，这项主题活动以曼陀罗绘画疗法为理论基础，操作简单，易于实施，而且生动有趣，容易激发学生兴趣。

一、理论基础

表达性艺术治疗是以各种艺术的媒材来表达人们内心的思绪、感受及经验。这些媒材可能是游戏、声音、故事文本、书写、绘画、舞蹈、音乐等，而所表达的内容可能是意识的层面，也可能是潜意识的层面。

表达性艺术治疗的基本信念为相信每个团体成员均有与生俱来的能力，可以自我引导。进一步而言，表达性艺术治疗是以绘画、隐喻、叙说等方式来处理案主情绪上的压力，以一种非纯口语的沟通技巧来介入，应用在创伤者的心理重建历程上特别有效。

绘画艺术治疗中的曼陀罗绘画疗法简单易行，学生不需要有绘画基础便可以进行操作。其操作就是个体按照自己的意愿画同心圆并涂上不同的颜色，也可以画些装饰（见图3）。

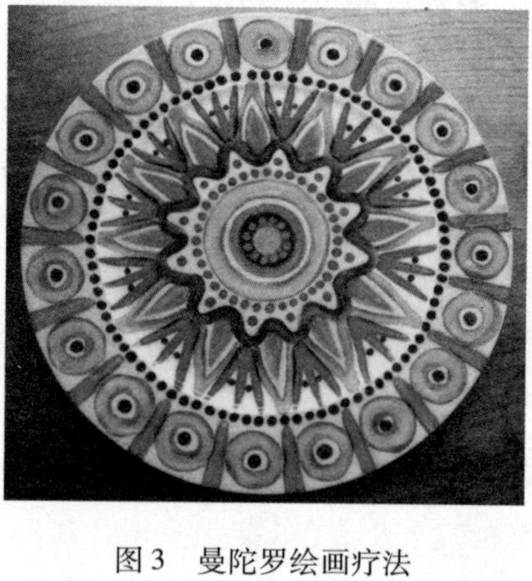

图3　曼陀罗绘画疗法

曼陀罗绘画疗法最为特别的是启发了曼陀罗—自性效应，这是其他治疗难以达到的。

第一，曼陀罗绘画激发了自性的功能，即保护、分化、凝聚、整合、指引、超越、开悟等七大功能，可以广泛运用于各种心理障碍的治愈。

第二，曼陀罗绘画能够激发绘画者的自性原型，具有强大的自我疗愈功能，这是它与其他表达性艺术治疗的重要不同。

总之，曼陀罗绘画疗法同时具有评估与治疗的功能，而最重要的是它激活了人格的核心即自性原型的功能，所以具有神奇的治愈效果。

二、实施过程

曼陀罗绘画疗法利用人的潜意识，达到治愈的效果。笔者思考如何利用这一疗法与自我意识和生命教育，使人的潜意识和意识相结合，从而达到更好的疗效。笔者将同心圆赋予意义，即每一个圆环代表一个年龄阶段，让个体在画生命年轮的过程中，得到领悟、得到疗愈，最终完善自我、健康身心。步骤如下：

（一）画同心圆

学生在一张 A4 大小的纸上，画上多圈的同心圆（见图 4）。

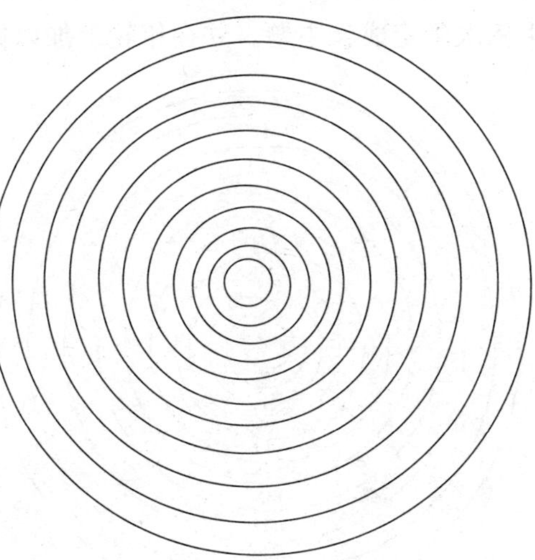

图 4　同心圆

（二）在同心圆上标注年龄

在同心圆上标注年龄，一圈可以代表一岁，也可以代表某个年龄阶段。最内圈代表最小的年龄，越往外的圈代表的年龄越大（见图5）。

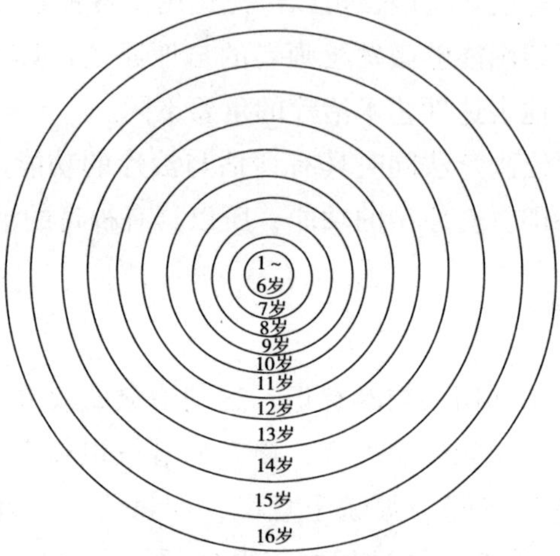

图5　标注年龄

（三）认真回忆过去，并为每一个年轮确定一个成长主题

引导学生按照时间顺序静静地回忆过去。这一时期发生了哪些事，遇到了哪些人；哪些人、哪些事对你影响最大；用一个词或者几个关键词概括这一时期。学生依次确定成长主题，并在年轮上加以标注（见图6）。

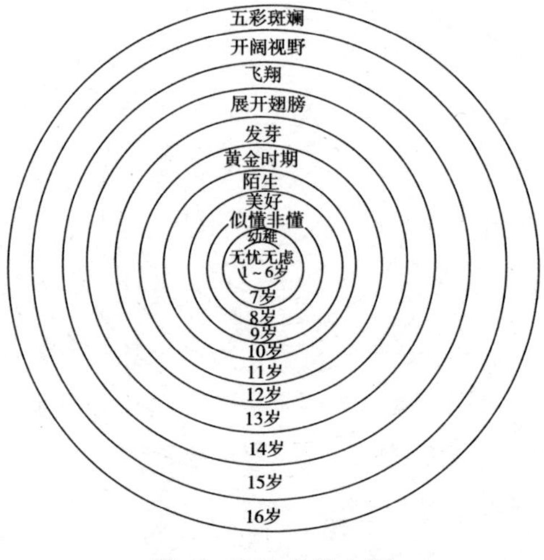

图6　确定成长主题

（四）涂色

学生根据成长主题的不同和按照自己的理解，为每个年轮涂上不同的颜色；还可以根据自己的喜好，做一些装饰，让成长年轮看起来更加漂亮（见图7）。

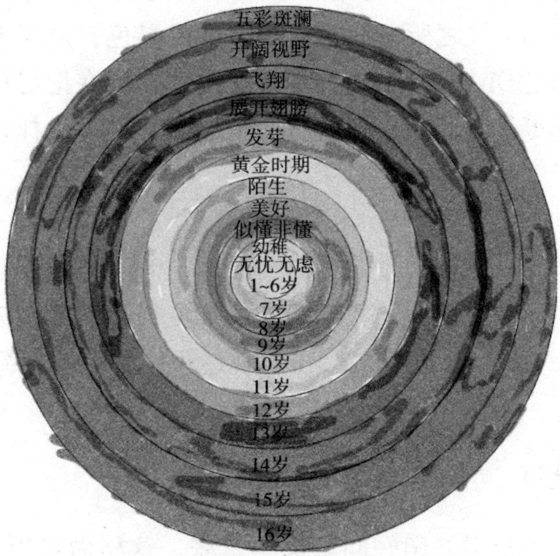

图7　涂色

（五）命名

学生经过思考，为自己的生命年轮命名，并写在年轮的下方。

（六）分享

学生在小组内分享自己的成长历程，并反思做这项主题活动后的感受。

三、效果分析

（一）使学生更加了解自己

通过生命年轮主题活动，学生需要回忆过去，反思过往，他们会更加透彻地了解自己。正如一位学生所说："我在回忆过去的时候，我看到了以前的自己，将以前的自己和现在的自己进行对比，我发现了自己的变化和成长，我更加了解我自己了。"

（二）使学生更加了解生命的历程

通过这个活动，学生回忆自己的成长经历，更加了解生命的历程。正如学生所言："回首来路，或深或浅地留下了我歪歪斜斜的脚印，我明白了人的成长并非一帆风顺的，挫折磨炼了我，让我变得更加坚强。"

（三）使学生缓解了心理创伤

曼陀罗绘画疗法可以治愈心理创伤，使学生缓解压力、释放负面情绪。而生命年轮主题活动以曼陀罗绘画疗法为基础，因此有着同样的功效。正如学生所言："之所以我把这一圈涂成黑色，是因为这一年有太多的挫折、痛苦与悲伤。涂抹的过程中，我发现遗留在记忆深处的负面情绪被激活，经过不断涂抹以后，这些负面情绪好像都被涂抹在了纸上，而我感觉轻松多了。"

（四）使学生的自我得到了统一

曼陀罗绘画疗法还可以使自我得到统一。正如学生所言："我在绘制的过程中，过去的我、现在的我和未来的我变得越来越接近，我觉得他们慢慢融合在了一起。"这说明学生在整个过程中，自我得到了统一，获得了成长。

四、实施建议

第一，教师可提供打印好同心圆的纸张。这样做可以节省学生时间，提高课堂效率。

第二，在回忆过去这个环节，教师可以让学生自己静静回忆，也可以做一些开放式的引导，以便学生能够迅速进入情境。

第三，涂色这个环节必不可少。有些教师在听了笔者的讲座以后，回去在自己的班级尝试这个活动，因为涂色这个环节用时比较长，所以他就自作主张把这个环节去掉，结果很难达到理想效果。涂色这个环节是非常重要的，缺少了这一环节，这项活动也就不能被称为曼陀罗绘画疗法。当然，曼陀罗绘画疗法的治愈功效也就无从谈起。

第四，生命年轮主题活动亦可用在生涯教育课程中。笔者设计这项活动的最初目的是让学生对自己走过的道路进行反思和总结，所以强调的是从出生到现在这一年龄阶段。但是在实际操作过程中，总有一部分学生不但画下了过去，而且也画下了未来。我在此受到了启发，于是在生涯教育课上也应用了这个活动，只是第三环节"回忆过去"改成了"设想未来"，要求最内圈是从现在开始。

教学设计

生命的联结

理念阐述

每个生命个体并不是孤立地存在着，他或多或少或紧或松地和其他生命个体联系在一起。从这个意义上来讲，生命是属于自己的，但又不仅仅属于自己。每个生命个体遗传了上辈人的基因，是上辈人生命的延续。因此，我们要让学生意识到，自己的生命是和其他人的生命联结在一起的，通过这种联结，使生命更加丰富多彩。

辅导目标

1. 让学生通过活动意识到生命并非孤立的个体，是和他人有联系的。

2. 通过画家谱活动，让学生体会到自己和家人的联系。

3. 通过思考，让学生感悟到生命是互相联系的，生命的成长需要个体间的互相影响。

活动准备

收集资料，准备课件，学生分组。

活动设计

环节	活动过程	设计意图
视频导入	播放视频《人的进化》 师：看了这个视频以后，你有什么体会和感受？ 学生回答 教师总结：我们每个人都有自己的爸爸妈妈，而爸爸妈妈也有自己的爸爸妈妈，爸爸妈妈的爸爸妈妈也有自己的爸爸妈妈。可见，每个生命个体都不是独立存在于这个世界上的，他和其他生命个体有着或疏或紧的联系。 出示课题：生命的联结	通过观看视频，让学生意识到生命绝非一朝一夕而形成的，人类更是经过了亿万年的进化而来

（续表）

环节	活动过程	设计意图
连接生命	活动：画家谱 要求： ① 画自己家 3 代之内的家谱，从祖父这代开始，到自己这代结束。 ② 用“■”表示男性，“▼”表示女性。 ③ 有血缘关系，用实线相连；无血缘关系，用虚线相连。 ④ 知道姓名，最好直接写姓名；如果不知道姓名，可以用称谓代替。 示例： 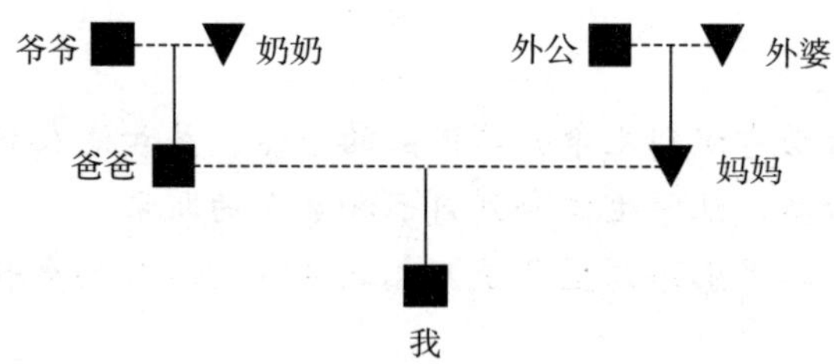 学生分享自己的家谱	通过画 3 代之内的家谱，让学生意识到自己的生命并非孤立的个体，每个人的生命其实并非仅仅属于自己
生命故事	分享自己和重要他人的故事，并思考以下几个问题： ① 这些人当中，谁对你最重要？ ② 这些人当中，谁对你影响最大？ ③ 这些人当中，你最敬佩谁？ 学生讨论分享 教师总结	通过思考，让学生意识到生命的成长是一个互相影响的过程，人类的生命并非生理意义上的生命
思考	《孝经·开宗明义》：“身体发肤，受之父母，不敢毁伤，孝之始也。”你是如何理解这句话的	珍爱生命，不仅仅是个体意义上的，其实也是群体意义上的

（续表）

环节	活动过程	设计意图
总结升华	《生命的联结》 在黑色的宇宙中穿行 我融化在夜的温暖里 每一颗星都是 穿越千年的生命 哪一颗是你 哪一颗是我 哪一颗是她 或者全部都是我自己 是我身体里的小小细胞 每一个都有着千年的经历 与你们的连接 让我欣喜 原来你们一直都在这里 在这静默的宇宙里	总结升华，让学生体会生命联结的意义

活在当下　为所当为

理念阐述

新型冠状病毒肺炎疫情突袭而至，各种谣言满天飞。很多人（包括高中生）不停地用手机刷各种信息，这样做不但容易带来因“信息超载”引起的生理和心理的疲劳，而且还容易带来恐慌和焦虑。在目前的情况下，高中生活在当下，做好自己的事就是最好的选择。活在当下的人生态度可以帮助学生正确对待此时此刻，从而树立科学、合理、健康的生活方式；可以让学生正确认识过去和未来对自己的影响，并建立对过去、未来和当下进行合理联结的认知，以及如何才是活在当下，并付诸行动。

辅导目标

1. 通过故事与讨论，让学生认识到什么是活在当下，为什么要活在当下。

2. 让学生意识到当下并不是与过去和未来脱节，它们是有联系的。

3. 通过活动，让学生体验活在当下。

活动准备

收集资料，准备课件，利用电脑在网上开课。

活动设计

一、团体暖身阶段：故事导入

教师：各位同学，大家好！由于新型冠状病毒肺炎疫情，我们大家只能在家里通过电脑来学习。首先，我给大家讲一个老和尚和小和尚的故事。

有一天小和尚问老和尚：“您得道前，做什么？”

老和尚："砍柴担水做饭。"

小和尚："那得道后呢?"

老和尚："砍柴担水做饭。"

小和尚："那何谓得道?"

老和尚："得道前，砍柴时惦记着担水，担水时惦记着做饭，做饭时惦记着砍柴；得道后，砍柴即砍柴，担水即担水，做饭即做饭。"

听了这个故事，大家思考一下：老和尚得道前和得道后的区别在哪里呢?

学生1：得道之前，老和尚总是不能集中在所做的事情上，想东想西；得道以后，他的注意力总是集中在所做的事情上。

教师：说得很好，可见得道并没有多少高深，只要把精力集中在自己所做的事情上面就行了。这其实也是一种"活在当下"的生活态度。"当下"代表现在、当前或眼前的一切，而"活在当下"是指人选择把自己现在的头脑、思考、注意力完全投放在现在这一刻。它告诉我们要放下过去的烦恼、舍弃未来的忧思，把全部的精力用来承担眼前的这一刻。

出示课题：活在当下　为所当为

设计意图：通过老和尚和小和尚的故事，让学生理解什么是"活在当下"，从而产生活在当下的愿望。

二、团体转换阶段：正念葡萄干

教师：我们明白了活在当下就是把自己的注意力完全集中在当下这一时刻，那我们来体验一下如何是活在当下。这个活动叫"正念葡萄干"。首先大家准备一粒葡萄干，如果家里没有葡萄干的，可以用大小差不多的其他食物来代替。接下来，大家按照我的引导语来操作。

（一）拿起

首先，拿起一粒葡萄干，把它放在手掌上或者夹在拇指与其他手指之间。

注意观察它，想象自己是从火星来的，以前从来没有见过这个物体。

（二）观察

从容地观察；全神贯注地盯着这粒葡萄干。

让你的眼睛探索它每一个细节，关注突出的特点，比如色泽、凹陷的坑、褶皱和凸起，以及其他不同寻常的特征。

（三）触摸

把葡萄干拿在指间把玩，感受它的质地，还可以闭上眼睛以增强触觉的灵敏度。

（四）闻

把葡萄干放在鼻子下面，在每次吸气的时候吸入它散发出来的芳香，注意在你闻味的时候，嘴巴和胃有没有产生任何有趣的感觉。

（五）放入口中

现在慢慢地把葡萄干放到嘴唇边，注意手和手臂如何准确地知道要把它放在什么位置。轻轻地把它放到嘴里面，不要咀嚼，首先注意一下它是如何进入嘴巴的。用几分钟体验一下它在嘴里面的感觉，用舌头去体验。

（六）品尝

当你准备好咀嚼它的时候，注意一下应该如何以及从哪里开始咀嚼。然后，有意识地咬一到两口，看看会发生什么，体会随你每一次的咀嚼，它所产生的味道的变化。不要吞咽下去，注意嘴巴里面纯粹的味道和质地，并且时刻留心，随着葡萄干这个物体本身的变化，它的味道和质地会有什么样的改变。

（七）吞咽

当你认为可以吞咽下葡萄干的时候，看看自己能不能在第一时间觉察到吞咽意向，即使只是你吞咽之前经验性的意向。

（八）接下来

最后，看看葡萄干进入你的胃之后，还剩下什么感觉，然后体会一下在完成了这次全神贯注的品尝练习后，全身有什么感觉。

请大家分享一下自己的感受。

学生 1：之前吃过很多次的葡萄干，但是第一次以这样的方式来吃葡萄干。我从来没有发现葡萄干竟然是如此的美味。

学生 2：这是吃一粒葡萄干花费最长的时间，放下一切，把自己的注意力全部放在吃葡萄干这个过程上，感觉如此美好，生活有时需要慢下来。

教师：看来把自己的精力集中在一件事情上是非常美好的体验，希望大家能够有更多这方面的体验。

设计意图：通过“正念葡萄干”这个活动，让学生体会活在当下的感受，体验慢下来的生活。

三、团体工作阶段：由人及己

（一）案例探讨

教师：“活在当下”看起来似乎还是挺容易的，其实在生活中做到并不容易。我们来看下这个案例。

小军不停地翻看手机上的各种信息，包括官方报道的新闻，也包括各种自媒体发布的消息和评论。他看得越多，越觉得心里堵得慌。他想如果一开始武汉就能封城，新型冠状病毒肺炎就不会引起大范围的传播，而自己也不会被关在家里，天天无法出门。他越想越生气，越想越愤怒……

教师：小军是活在当下吗？如果继续下去会产生什么样的后果？

学生 1：小军不是活在当下，而是活在过去。如果继续下去，他可能越来越生气而无法自控。

学生 2：我觉得他这样下去迟早有一天会抑郁。

教师：小军的确是活在过去，他的这些想法不但无助于问题的解决，而且还会给自己带来无尽的烦恼和焦虑。昨天的好与坏、美与丑都只能是回忆。我们不能否认过去会对现在产生影响，无论是消极的还是积极的。但无论过去会对现在产生什么样的影响，我们都应当活在当下，因为所谓的“过去对现在的影响”只不过是自己的主观感受，是加诸自己的心理负担。

教师：接下来我们再看一个案例。

小玲是一名高三学生，这几天在家里坐立不安，根本学习不进去。新闻上说开学推迟到 3 月 1 号以后了，但可能也不是最终的时间，还要看疫情的控制结果。还有小道消息说今年的高考可能也会推迟。她忧心忡忡，觉得如果高考延迟了，自己撑不下去了啊……

教师：小玲是活在当下吗？如果继续下去会产生什么样的后果？

学生 1：我觉得小玲是活在未来，继续下去的话估计精神会崩溃吧。

学生 2：其实她想这些都是多此一举，官方并没有宣布高考延迟，不信谣，不传谣。

教师：是的，小玲是活在未来，对未来过度的思考可能会引发内心的恐惧。

设计意图：通过两个负面案例，让学生认识到活在当下的重要性。活在过去容易引发焦虑，而活在未来容易引起恐惧，只有活在当下才是最重要的。

（二）为所当为

教师：回忆过去才有悲伤，而设想未来则引发恐惧。如果我们只活在当下，就不会有悲伤和恐惧的空间。重要的是活在当下，其余的都是我们加诸自己的负担。我们忘了好好活着，忘了当下的这一刻，反而去想过去的事物，盘算将来会发生什么，却让当下这一刻悄然流逝。这样的我们不算真正地活着，只是在受苦，因为我们对明天抱有恐惧，对过去感到自责。所以，我们要活在当下。大家深入思考一下：在当前新型冠状病毒肺炎疫情的背景下，我们如何活在当下？

学生 1：尽量少看有关疫情的消息，特别是非官方的消息，我觉得自己越看，心情越差。

学生 2：想一想当下自己能做些什么，既然出不了门，那我就在家里安静学习。

学生 3：可以在家里帮父母做一些家务，趁机锻炼一下自己的厨艺。

学生 4：多读一些书，拓宽自己的知识面。

学生 5：社区需要志愿者，我想到社区去做志愿者。

学生 6：老师布置的作业都完成了，趁着这个假期看一些自己想看的经典电影。

教师：大家的想法都非常好。在当前的情况下，我们去抱怨，去担心，这些都是没用的，解决不了任何问题。我们能做的就是把关注的焦点集中在眼前和身边的人、事、物上面，全心全意去接纳、投入和体验，真正做到活在当下，为所当为。

四、团体结束阶段：总结升华

正如古希腊学者库里希坡斯所说，过去与未来并不是“存在”的东西，而是“存在过”和“可能存在”的东西。唯一“存在”的是现在。笔者希望各位同学在疫情面前不抱怨、不恐惧，以良好的心态面对现实，活在当下，为所当为。

活动构思

作为学生来讲，不可能冲锋在抗疫的第一线，但是调整好心态也是非常重要的。通过本节课，笔者让学生明白对抗焦虑和恐惧的最好方法就是活在当下，放下手机，集中精力去做一些力所能及的事情，在提升自己的同时，其实也是在为国家做贡献。

吾生也有涯

理念阐述

死亡是生命历程中自然的一环，换言之，它是不可避免的。死亡教育可以帮助人们正确面对自我之死和他人之死，理解生与死是人类自然生命历程的必然组成部分，从而树立科学、合理、健康的死亡观；可以消除人们对死亡的恐惧、焦虑等心理现象，教育人们坦然面对死亡；使人们思索各种死亡问题，学习和探讨死亡的心理过程以及死亡对人们的心理影响，为处理自我之死、亲人之死做好心理上的准备；可以勇敢地正视生老病死的问题，加深人们对死亡的深刻认识，并将这种认识转化为珍惜生命、珍爱健康的强大动力，进而提高自己的生命和生活质量；使更多的人认识到人生包括优生、优活、优死三大阶段，使人们能客观面对死亡，有意识提高生命质量。

辅导目标

1. 通过故事与讨论，让学生认识到生老病死是每个人的必经阶段，死亡是不可避免的。

2. 让学生意识到死亡并不是完全消极的，它对人类的发展也有积极意义。

3. 通过活动，让学生感悟到生命是有限的，并萌发出珍爱生命的思想。

活动准备

收集资料，准备课件，学生分组。

活动设计

环节	活动过程	设计意图
导入主题	播放视频《一生一闪而过》 师：看了这个短片以后，你有什么体会或感受？ 学生分享 师：由此可见，生老病死是我们每一个人都要经历的过程，在死亡面前，所有人都是平等的。我们甚至可以说，自从出生的那一刻，我们就开始逐步向死亡靠近。所以，古人面对短暂的人生也发出感慨：哀吾生之须臾，羡长江之无穷。挟飞仙以遨游，抱明月而长终。庄子也发出了“吾生也有涯”的感慨。 出示课题：吾生也有涯	让学生认识到人从出生到壮年，再到衰老，最终到死亡，这是一个不可避免的过程
感受死亡	师：当你听到关于死亡的话题的时候，你的第一感觉是什么？ 生：害怕。 生：恐惧。 生：悲伤。 师：当我们听到关于死亡的话题的时候，往往会出现害怕、恐惧、悲伤等情绪，我们先看看诗人是如何描述死亡的。 出示《直视骄阳》里的一首无名小诗： 死亡，四处弥散 它攫取着、推搡着、啃噬着我 无处可逃 我只能 痛苦地尖叫 疯狂地哀号 死亡，在每一天里若隐若现 我试着留下走过的足迹 兴许这会有点用 我竭尽全力做到	通过朗诵小诗，让学生去感受作者对死亡的描述，从而产生心灵上的共鸣

（续表）

环节	活动过程	设计意图
感受死亡	全然活在每个当下 但死亡潜伏在黑暗之中 我所追寻的 这令人舒适的保护伞 如同包裹孩子的毛毯 在寂静的寒夜里 当恐惧来袭 它们就这样完全被浸透 那时 将不再有我的存在 不再有一个我 能自然呼吸 能改过自新 能感受甜蜜的悲伤 而这难以忍受的丧失 竟无声无息地逼近 死亡本来什么也不是 死亡却成了一切 配乐朗诵：低声朗诵，用心感受 师：谈一谈你读完这首诗的感受，或者你对哪一句特别有感触	通过朗诵小诗，让学生去感受作者对死亡的描述，从而产生心灵上的共鸣
触摸死亡	师：看来大家对死亡都有一定的认识，我想大家从小到现在，可能会有一些和死亡相关的经历。或者耳闻，或者目睹，这些经历对你造成了很大的影响，促使你对死亡开始进行深入的思考，有这样的例子吗？ 教师首先进行自我开放 师：这些例子可以是听说的，也可以是亲眼看见的；可以是身边的事情，比如说宠物的死亡；也可以是外面的事情，比如说汶川大地震。关键是这件事情触发了你对死亡的思考。 学生分享	从自己亲身经历讲起，让学生更进一步去触摸死亡，更进一步对死亡进行思考

（续表）

环节	活动过程	设计意图
生命无常	师：正如圣·奥古斯丁所言：唯有面对死亡之时，一个人的自我才真正诞生。大家思考过死亡吗，可能有些同学感觉死亡离自己很远。我们看一个例子。这张照片上蓝天白云，绿树芳草，还有灿烂的笑脸。可是，其中一位同学已经离我们而去了，就是这位女同学。我清晰地记得，这张照片是2010年6月1日拍的，一年以后的一天，2011年7月23日——稍微停顿——这一天温州发生了什么事情。 生：7·23动车追尾事故。 师：是的。高三毕业以后，她考上了中国传媒大学，正好大一暑假，她本来买了K101次北京到温州的车票，后来听说爸爸生病了，就改签成动车。前面一路顺风，直到停在了双屿段。过了一会儿，动车缓缓启动，加速，随后是一声巨响。之前，她已经打电话给家里，说自己马上就要到站了。妈妈做了一桌她喜欢吃的饭菜，等她吃饭。可是后来，家人再打她的电话，怎么也打不通了。等到家人在医院里见到她的时候，她已经离世多时了。 师：请大家谈谈感受。 总结：可见，死亡离我们很遥远，可是离我们也很近。生命无常，我们永远不知道明天会发生什么	通过案例，让学生认识到生命无常。死亡有时距离我们很远，但是死亡有时距离我们也很近
体验死亡	假若生命只剩下半年，我将会如何做好安排？我是否能鼓起勇气，做一个临终6个月前的生命规划表，让人生画下句点： 我最想完成的事有哪些？ 我最想去的地方是哪里？ 我最想见的人是哪些？ 我最想说的话是哪些？ 我要对父母说…… 我要对老师说…… 我要对兄弟姊妹说…… 我要对朋友说…… 如果我这一生还有遗憾的话，我的遗憾是哪些	对死亡进行体验，从而产生生的欲望，更加珍惜生命、珍爱亲情和友情

（续表）

环节	活动过程	设计意图
结语	当我17岁的时候，我读到了一句话："如果你把每一天都当作生命中最后一天去生活的话，那么有一天你会发现你是正确的"。这句话给我留下了一个印象。从那时开始，过了33年，我在每天早晨都会对着镜子问自己："如果今天是我生命中的最后一天，你会不会完成你今天想做的事情呢？"当答案连续多天是"No"的时候，我知道自己需要改变某些事情了。 "记住你即将死去"是我一生中遇到的最重要箴言。它帮我指明了生命中重要的选择。因为几乎所有的事情，包括所有的荣誉、所有的骄傲、所有对难堪和失败的恐惧，这些在死亡面前都会消失。我看到的是留下的真正重要的东西。你有时候会思考你将会失去某些东西，"记住你即将死去"是我知道的避免这些想法的最好办法。你已经赤身裸体了，你没有理由不去跟随自己内心的声音。 ——史蒂芬·乔布斯 生如夏花之灿烂，死如秋叶之静美。 ——泰戈尔《飞鸟集》	总结升华

第六章　生涯教育

生涯理论

生涯教育新方向：从规划到适应

生涯教育也称为生涯辅导、生涯规划教育等，原美国联邦教育署署长马兰德于1971年1月23日在得克萨斯州的休斯敦全美中学校长联席会议上发表了一篇有关生涯教育的演讲，此为生涯教育在美发展的开端。马兰德接下来的几次演讲又提出对生涯教育的实施构想与计划，自此生涯教育在美国的发展如风起云涌，迅速在各州郡普及。

生涯规划与发展指导作为课程，在我国港澳台地区开展得较早，并且作为课程开设已经有了比较成熟的理论和实践体系。我国大陆进行生涯教育从20世纪90年代开始，主要在大学和职业中学里展开，鉴于生涯教育的重要性，普通高中也有越来越多的学校开展。

2014年上海、浙江作为高考综合改革试点以来，两地更加重视生涯教育。2015年5月，浙江省教育厅发布了《浙江省教育厅关于加强普通高中学生生涯规划教育的指导意见》的文件，专门指导和规范普通高中开展生涯规划教育。有了相关部门政策的支持，生涯教育势必会发展得更加迅速与成熟。

生涯教育重点是指导学生职业与人生发展。因为只有拥有正确的理念，学生才能拥有正确的人生方向。部分学校在实施的过程中，由于没有及时更新观念，仍旧因袭传统的生涯教育理论，致使生涯教育过于强调“规划”，而忽略了“适应”，可能会对学生未来职业选择与发展造成一定的隐患，生涯教育工作者务必引以为戒。

一、生涯教育应慎做“规划”

在生涯教育领域，我们最常听见的一种说法是“你要为自己确定一个明确的职业目标”，也就是“及早做规划”，这种说法几乎已经成了生涯教育领域的老生常谈。这种观点听起来很有道理，其实是不科学的。

（一）“规划”的理论基础并不成熟

为学生做“规划”时，一般遵循的理论基础是传统的生涯教育理论。但是这种传统的生涯教育理论，并未经过科学的验证。过去生涯服务的主要目的在于协助人们发现切合个人特质的职业角色，“人职匹配”即为其主要理念。不过，近年来，“人职匹配的职业决策就是好的或有效的职业决策”这一假设并没有得到实证研究的支持。

可见，实证研究并不支持“人职匹配”这一假说，而“规划”的理论基础基本上都是建立在这一假说的基础上的，“皮之不存，毛将焉附”，理论基础科学性尚未得以证实，以此为基础的“规划”的科学性何来？

（二）“规划”赶不上变化

随着经济全球化的发展，整个世界充满着不确定性，人们的工作与生活也处在急速变化之中。比如，人们的工作变动性越来越大，生涯发展路径更加难以界定和预见；工作环境更复杂，影响因素更加多样化，意外事件的作用越来越明显；个人的生涯发展需要终身学习；等等。全球化和信息化时代的人类生涯是一种新的生涯形态，有人称之为“无疆界生涯”，也有人称之为“无常生涯”，以区别于传统的生涯形态，其意即开放的、弹性的、变化的、个人驱动的和自主的生涯。

因此，在这种快速发展的社会背景下，传统的生涯心理学理论已经显得有些不合时宜。于是，为了迎合时代的发展，就出现了一种新的生涯心理学理论——生涯混沌理论。

生涯混沌理论认为，生涯心理是一种动态、开放的复杂系统。影响个体生涯心理的内外部因素是复杂的、多样的，它们构成了个体及其生涯发展背景的亚系统、系统和超系统。它们既可以在不同的普遍性水平、以不同的方式形成，也可以在不同的普遍性水平、以不同的方式被解释。这使得我们必须从整体的角度并将个体生涯心理置于复杂的关系网中才能理解和把握它。

生涯混沌理论对生涯教育的启示是，内外在世界都是复杂多变的，要以变化的眼光看待生涯发展。因此，学生不一定要确定明确的职业目标，而是对未来要保持一种开放的心态。

（三）“规划”忽略了人的发展性

人是处于发展变化之中的，而非静止的。而“规划”以个人目前的自我状态为基础确定一个若干年后的职业目标，忽略了人的发展性。高中生还处在可塑性比较强的时期，价值观、人生观都尚未定性，职业兴趣、职业能力倾向都还在发展变化之中，过于早的“规划”反而可能限制了自身的发展。

二、“适应”应是生涯教育的重点

（一）“适应”可以促进个体成功

按照传统的生涯教育理论的观点，只有找到自己感兴趣的职业，个人才能发挥自己的主观能动性，才能在职业上取得成功而实现自己的人生价值。如果个人选择了自己不喜欢的职业，会限制自己的发展，甚至导致自己的生涯失败。

笔者认为这种观点是非常片面的，忽略了人的适应能力的功能。

因为传统生涯教育理论的缺陷，越来越多的生涯心理学家开始关注适应力，所以发展出了生涯适应理论。许多研究表明，生涯适应力水平高的青少年，在面对生涯转换过程中都有较好的生涯决策、规划、探索或自信。

著名心理学博士艾尔森曾经做过一个统计，他对全世界 100 名在各行业取得成就的杰出人士做了问卷调查，得出了一个让人十分惊讶的结论：其中 61 名杰出人士承认他们所从事的职业并不是他们内心最喜欢做的，他们的兴趣并不在那上面。

在以后的陆续走访中，艾尔森发现许多成功人士之所以能出类拔萃，是因为他们认识到即使被安排到了自己并不十分喜欢的领域，从事了并不十分理想的工作，也不该有任何的抱怨、消极和懈怠。唯有把正在从事的这份工作当作一种不可推卸的责任担在肩头，全身心投入其中，才是正确与明智的选择。

正是在这种“在其位，谋其政，尽其责，成其事”的高度责任感的驱使下，这些成功人士才取得了令人瞩目的成就。

艾尔森的研究也表明了，取得成功的关键因素并非兴趣，而是适应能力与高度责任感。

（二）“适应”可以伴随积极情绪体验

在生涯教育中，还有一个常见的观点是，如果你选择了一个不喜欢的职业，不但会阻碍你的生涯发展，而且还会导致你消极情绪的产生，甚至造成悲观厌世。这样的观点同样忽略了人的发展性：兴趣并非一成不变。对某一职业的兴趣既可减退、消失，也可培养、发展，而且人的心态也是可以调整与适应的。

研究表明，生涯适应力能够直接影响个体的健康发展，是个体健康发展的标志之一。如 Skorikov 和 Vondracek 针对美国中学生的研究发现，积极的生涯定向和较好的生涯准备能够预防问题行为和提升其幸福感，同时减少一些消极情绪。Hirschi 的研究也发现，生涯适应力与个体的健康发展是密切相关的，个体的生涯适应力能够预测其生活满意度水平。

可见，适应力高的个体不但容易在生涯发展中取得成功，而且幸福感和生活满意度水平也较高。

综上所述，强调“规划”的生涯教育不但脱离实际，而且也不利于个体发展；而强调“适应”的生涯教育不但有利于社会，而且有利于个体的全面发展与身心健康。

三、生涯适应力的培养

既然在生涯发展中，适应力是如此重要，那么应该如何培养高中生的生涯适应力呢？

（一）教师首先要有正确的生涯教育理念

由于生涯教育在我国还是一个新生事物，人们对它的理解还不到位，误以为生涯教育就是职业规划，所以“生涯规划”的叫法比“生涯教育”更流行，足见“规划”理念的根深蒂固。正如上文所述，过于强调“规划”的生涯教育不但不利于学生的生涯发展，反而会阻碍他们的生涯发展。这就需要教师首先具备正确的生涯教育理念，向学生强调“适应”的重要性，让他们明白“生涯之道即应变之道”的道理，从而树立“随机应变”的生涯应对之道。

（二）允许学生在生涯探索中出现失误

生涯探索是一个长期的过程，并非一蹴而就的，更非做几个测试、量表就可以完成的。既然如此，我们应该鼓励学生大胆地去探索，去尝试，并且也允许他们在这个过程中出现失误，只有这样才能培养出来他们的适应能力。有些所谓的生涯教育教师动不动就向学生灌输“选错了专业会后患无穷，选错了职业会遗憾终生”的思想，让学生束手束脚不敢选择。其实，我们应该鼓励学生大胆地去选择，如果真的选择了不喜欢的专业或职业，也并不一定就意味着无止的痛苦，还有其他许多可能。

（三）利用校友、名人的例子为学生树立榜样

真实的经历往往比较有说服力。因此，学校经常邀请一些校友、社会精英到校做讲座或者提供一些名人真实的经历，会让学生深有启发，有利于他们适应能力的提高。

比如我校曾经邀请毕业于加州大学计算机专业，已在谷歌公司就职5年的校友叶绍志为学生做生涯发展方面的讲座。他在读高中时，从来没想过自己将来会成为电脑工程师。他在清华大学读的是电子工程专业，后来读博才转攻计算机。所以他说：“很多同学觉得现在学什么，以后一定就要干这一行。但在我看来，现在定性还太早，不要过早给自己贴上标签，往往最后做什么比学什么要重要得多，而最后做什么，就应该去寻找自己最喜欢的、最合适自己的事情。”

他以自己真实的经历，让学生明白不断探索、积极适应的重要性，从而引发学生对适应的重视。

（四）让学生在社会实践中提升自己的适应力

生涯教育本身是一门和实践关联性很强的学科，如果仅限于理论知识的传授，无疑是本末倒置。因此，高中生涯教育应重视其实践性，实践性是生涯教育中不可或缺的。与理论性学习相比，实践性学习可以充分运用学校的各种资源，丰富生涯教育的内容，开拓学生的知识视野；可以加深学生的感性认识，产生强烈的心理冲击，增加学习的实效性。生涯教育的实践性主要表现在两个方面：一是带领学生走进企业、社区、机关等场

所，让学生深入了解当今社会与现代企业；二是指导学生运用生涯规划的知识解决自己在高中三年中遇到的困难，坚定自己的理想与目标。

参考资料

[1] 赵小云，薛桂英．高校生涯辅导的新方向——生涯适应力教育[J]．现代教育管理，2012（10）：111-114.

[2] 沈洁．霍兰德职业兴趣理论及其应用述评［J］．职业教育研究，2010（7）：9-10.

[3] 姜飞月．生涯混沌理论：心理学理论的新视角［J］．南京师大学报（社会科学版），2007（4）：104-108.

[4] 赵小云，郭成．国外生涯适应力研究述评［J］．心理科学进展，2010（9）：1503-1510.

[5] 刘鹏志，金琦．普通高中生涯教育课程的设计与实施［J］．现代教学，2015（6）：62-63.

[6] 丁林兴．高中生涯教育应处理好的五对关系［J］．中国教育学刊，2012（11）：71-74.

[7] 金树人．生涯咨询与辅导［M］．北京：高等教育出版社，2007.

生涯混沌理论及其对生涯教育的启示

生涯混沌理论是20世纪末期产生的一种生涯心理学理论，它以混沌理论作为理论基础。诞生于物理学、数学等自然学科中的混沌理论被誉为是20世纪三大科学革命性事件之一。它揭示了复杂系统是如何发展变化的，以及这种变化的非线性等特征。它对传统的、确定的、连续性的思维方式形成了严重挑战，也打破了牛顿—拉普拉斯力学机械因果决定论的思想束缚，引起了人们关于世界和科学观念的变化。其影响不仅遍及自然科学，而且渗入人文社会科学。早在20世纪80年代，混沌理论就已介入心理学的研究。作为心理学的一个分支，生涯心理学受其影响势所难免。

一、生涯混沌理论的基本观点

（一）自生与自驱动

生涯发展具有主动适应的特征，每个人在一定程度上都可以按自己的剧本塑造自身的生涯历程。人们能不断更新自己的生涯，在自己所处的环境内外自由移动，在各种角色间自由变换。无论个体是否接受生涯辅导或是否参与生涯教育，他们都有自己的生涯。

（二）非线性动态过程

每个人的生涯发展都在一定的环境和内部动力的推动下，经过一系列的选择而发生的，动态变化性是人类生涯心理的本质特征之一，但其过程并非经典生涯心理学理论所揭示的那种线性的、确定的和可准确预测的，而是非线性的、不确定的和难以预测的。作为一个自适应的实体，个体时刻都在与内外环境进行开放的交换、网络化的参与，卷入度越深，可塑性越强。

（三）初值敏感

混沌理论认为，初始条件的一个非常微小的变化，经过时间的酝酿和系统的反复迭代，最终会导致结果极为剧烈的变化。在这种变化中，原因与结果间的确定关系随着时间的推移和系统的演化而消失，对长期行为的预测就变得难以进行。显然，复杂的生涯心理系统的动态变化同样对初始条件有敏感性和依赖性。在个体生涯中，经常是微小的随机性事件导致了生涯及其心理重大的改变。

（四）没有终极稳态

每个人都在寻找阶段性的稳态，然而稳态是暂时的，相变随时产生。

（五）吸引子的作用无处不在

吸引子有两类，一类近似于“定数”，像点吸引子、单摆吸引子、环状吸引子，它们使生涯发展保持某种稳态，霍兰德的职业人格类型就是这类吸引子；另一类是奇异吸引子，它是突变的推手，如意料之外的事件。不同个体的生涯发展和生涯发展的不同时期有不同的吸引子。吸引子引导个体的行为朝向某个目标，从而导致个体生涯的变化，但这种目标导向有时起着促进生涯发展的作用，有时却起着阻碍生涯发展的作用。

（六）提升生涯“元胜任力”才能“以不变应万变”

生涯“元胜任力”是一种更通用和更超越的适应力，是应对混沌的发展环境所必备的素质。

二、对生涯教育的启示

（一）客观地看待生涯教育

开展生涯教育对学生的发展有一定的价值和意义，这是毋庸置疑的。但是，我们不能无限夸大生涯教育的作用和否定人的主动适应特征。社会上没有学过生涯心理学或者接受过系统的生涯教育的成功人士比比皆是，因为人们能不断更新自己的生涯，在自己所处的环境内外自由移动，在各种角色间自由变换。我们不能过于夸大生涯教育的作用，为家长和孩子带来紧迫感和压力，甚至让人产生生涯规划恐惧症。

（二）理性地做好生涯规划

在生涯教育中，我们平时听到比较多的观点是：规划越早越好，规划越久越好，规划越具体越好。但是生涯发展的非线性特征告诉我们，长期的生涯行为是难以预测的，而现实中完全按照自己生涯规划的方向依次展开的生涯发展过程也是很少见的。生涯混沌理论认为，虽然长期的生涯行为是难以预测的，但是短期的生涯行为是可以预测的。因此，规划要适度，不能过度规划。适度的理念就是：不要急于让学生做规划；尽量不做太久的规划，而是做中、短期的规划；规划可以有一个大体的方向，而不一定是具体的职业。

（三）重视微小差异和机会性因素，反对僵化的科学追求

有研究者指出不确定性的事件对职业选择有显著影响；有研究者发现具有相同职业类型的一群人在一段时间后其生涯发展出现分叉，而这种变化是不能用最初的职业类型加以预测；Pryor 等人发现在一个大样本的大学生群体中有 70% 的人报告他们的生涯发展极大地受到预料之外的事件影响，这些事件包括意想不到的会议、疾病和精神开悟。

因此，生涯教育要帮助个体发现其经验世界中微小事件及其可能的影响，要注意个体经历中的各种非常规因素的作用，重视它们在个体生涯发展或职业选择中的价值。

（四）宽容对待学生的迷茫状态

有学者认为，人的生命中至少有 6 个阶段：童年期、青少年期、奥德赛期、成年期、积极的退休期、老年期。所谓的“奥德赛期”通常是指在青少年期与成年期之间的尝试、选择、徘徊、游荡；进入高校，或者离开校园；与朋友同居或赖在父母家里；恋爱或者失恋；尝试一份工作或者换另一份工作……其典型特征就是流动、徘徊与漂泊。研究者认为，奥德赛期的出现多是因时代变迁造成的，如他们所面临的工作环境是流动的，高学历不再确保找到工作，职业生涯不再清晰稳定和循序渐进，也不再有权威可靠的生涯规划指导。相反，人生规划的菜单上有大量的选择，很多机会过去闻所未闻。

可见，在生涯发展过程中，稳态总是暂时的，暂时的稳态以后又伴随着困惑和迷茫，通过改变环境或者调整自我以后，进入下一个暂时的稳态。然而稳态难以长久维持，又进入下一个困惑和迷茫。所以，我们需要宽容对待学生的迷茫状态。在他们迷茫和困惑的时候，我们要多给鼓励和支持，而不是批评和指责。

（五）解决好吸引子之间的矛盾

同一时期，生涯发展过程中存在着不同的吸引子。有些吸引子之间是互相协调的，有些吸引子之间是互相矛盾的。比如在选择专业的时候，兴趣和热门对于有些人来讲就是两个吸引子：兴趣和热门如果是统一的，那选择就很简单了；兴趣和热门并不统一，这个时候需要解决好它们之间的矛盾。

（六）培养生涯应变的“元胜任力”

生涯发展复杂多变，“元胜任力”是“以不变应万变”的核心竞争力，在其统领下，个体不断学习新知识、新技能，产生新决策，永续应变。在无边界职业时代，雇员在不同岗位、专业、角色和组织之间流动的难度减小，生涯转换变得常态化，雇员适应变化的能力（如人际沟通和学习能力）显得极为重要，它帮助个体获得、保持和利用现有资源以应对不断变化的劳动力市场。从这个角度上讲，生涯教育的目标之一是要唤起个体的应变意识，促进其完善与提升生涯适应的“元胜任力”。与“元胜任力”类似的概念有就业能力、生涯适应力、生涯灵性等。

作为一种新兴的生涯心理学理论，在某种意义上，生涯混沌理论可归为一种系统论，对现有生涯心理学理论与应用研究有着明显的突破，为我们理解个体不断发展的生涯以及难以预测的生涯决策提供了有力的理论框架，为我们新时代背景下的生涯教育提供了新理念和新思路。

参考资料

[1] 曾维希. 生涯发展的混沌特征与生涯辅导的范式整合 [J]. 电子科技大学学报（社会科学版），教育学报，2012（1）：68-72.

[2] 姜飞月. 生涯混沌理论：心理学理论的新视角 [J]. 南京师大学报（社会科学版），2007（4）：104-108.

[3] 姜飞月. 生涯混沌理论述评 [J]. 职业技术教育，2006（22）：63.

[4] 赵小云，薛桂英. 高校生涯辅导的新方向——生涯适应力教育 [J]. 现代教育管理，2012（10）：111-114.

[5] 刘鹏志，金琦. 普通高中生涯教育课程的设计与实施 [J]. 现代教学，2015（6）：62-63.

[6] 刘鹏志，金琦. 生涯教育新理念：轻规划　重适应 [J]. 中小学心理健康教育，2015（18）：10-12.

普通高中生涯教育要避开五大“雷区”

生涯规划与发展指导作为课程，在我国港澳台地区开展得较早，并且作为课程开设已经有了比较成熟的理论和实践体系。大陆地区进行生涯教育从20世纪90年代开始，主要在大学和职业中学里展开，鉴于生涯教育的重要性，普通高中也有越来越多的学校开展。

2012年上海市教育委员会印发了《上海市学生职业（生涯）发展教育“十二五”行动计划》的通知，积极推进生涯教育的开展。2014年上海、浙江作为高考综合改革试点以来，两地更加重视生涯教育工作。2015年5月，浙江省教育厅发文加强对普通高中学生生涯规划教育的指导。2018年3月，上海市教育委员会又印发了《关于加强中小学生涯教育的指导意见》，进一步明确了生涯教育的目标和原则以及各学段实施的重点等，为生涯教育的顺利实施提供了政策保障。

各地越来越重视生涯教育的开展，越来越多的学校也进行了形式多样的生涯教育方面的探索与实践，取得了一定的成效。但开展过程中存在的这样或那样的问题，影响了生涯教育的效果。

一、过于依赖“人职匹配”的理论

1908年1月13日，有着“职业辅导之父”之称的弗兰克·帕森斯成立了波士顿职业局，开创了职业辅导的先河。帕森斯在他的专著《选择职业》中提出了职业辅导的概念架构：

第一，要清清楚楚地了解自己，包括了解自己的能力倾向、能力、兴趣、雄心、资源及限制，以及这些特质的成因。

第二，要明明白白地知道各种工作所必须具备的条件和要求、优点与缺点、待遇、就业机会与发展前途。

第三，要实实在在地推论以上这两组事实之间的相关情形。

我们从他提出的概念架构中可以看出，他强调在职业选择过程中个人的能力倾向、兴趣、雄心等与工作要求、发展前途等因素的匹配性，他的概念架构充分体现了“人职匹配”的职业辅导理念。以“人职匹配”为理念的生涯教育理论强调人和职业的适配性，却忽略了人的主观能动性和外部世界的多变性与复杂性。而且有研究指出，过去生涯服务的主要目的在于协助人们发现切合个人特质的职业角色，“人职匹配”即为其主要理念。不过，近年来的许多研究发现，“人职匹配的职业决策就是好的或有效的职业决策”这一假设并没有得到实证研究的支持，认为匹配性并不是优化的职业决策结果的良好预测指标。

在实践过程中，笔者观察到很多学校的生涯教育是以“人职匹配”理论为主要基础，强调学生职业兴趣、能力、性格和价值观等与未来专业和职业的匹配，忽略了对学生生涯适应力的培养和对未来积极不确定性的接纳。鉴于“人职匹配”生涯教育理论的局限性，后人又提出了更加符合实际的生涯建构理论、生涯混沌理论和生涯适应力理论等。现在的生涯服务更关注的是个体如何顺利寻找新工作，适应并完成生活中不同角色的转变。

笔者认为，生涯教育的研究者和实践者都要有不断更新知识和理念的意识，积极关注生涯教育理论的新进展，能够辩证地看待某个生涯教育理论的优势和不足。教师不但关注学生特质与未来职业的匹配性，更要着重培养学生应对未来变化的意识和能力。

二、过于重视职业规划方面的内容

过于重视“人职匹配”生涯教育理论，在实践中就表现为把职业规划当作了生涯教育的重点。教师在课堂上，强调对学生职业兴趣、职业能力、人格特质和价值观等方面的探索以及寻求相匹配的专业和职业；在课外活动中，也着重邀请职场人士对职业进行说明和解读。让高中生接触一定的职业方面的相关知识，对他们的生涯发展是有利的，但如果把生涯教育仅仅等同于职业规划，无疑令生涯教育的内涵和价值都大打折扣。

生涯混沌理论认为，每个人的生涯发展都是在一定环境和内部动力的推动下，经过一系列的选择而发生的，动态变化性是人类生涯心理的本质特征之一，但其过程并非经典生涯心理学理论所揭示的那种线性的、确定的和可准确预测的，而是非线性的、不确定的和难以预测的。由此可见，线性的职业规划不一定适合每一个高中生。

不但如此，高中生还处在可塑性比较强的时期，价值观、人生观都尚未定性，职业兴趣、职业能力尚处在发展变化之中，过早的“规划”反而可能限制了自身的发展。

北京教育科学研究院德育研究中心白玉萍老师指出，生涯教育不仅不是要中小学生做职业选择，而且是要避免其过早盲目做出确定的选择。因为，过早进行规划，早早确定自己的职业方向，必将把学生限制在狭窄的、低水平的专业范围内。这种学生是缺乏适应力的，一旦就业条件改变，技术有所更新，他们将束手无策。这无论对学生个人的发展还是对社会的发展都是不利的。

我们更不能把生涯规划简单等同于职业规划。虽然在人的一生中，工作占有极其重要的地位，职业生涯规划是生涯规划的重点，但生涯教育和生涯规划着眼于人的全面发展，绝非只是找一份工作而已。

因此，生涯教育切不可搞成职业规划，而应着眼于学生的全面发展。美国心理学家舒伯认为“生涯”是生活中各种事件的演进方向和历程，它综合了人一生中的各种职业和生活角色，由此表现出个人独特的自我发展形态。所以，生涯教育不仅仅要关注学生职业角色的发展，更要关注其他角色的发展。

三、重课内活动，轻课外实践

生涯教育在发展过程中，课程建设备受重视。以浙江省为例，浙江省教育厅教研室教研员王小平在分析了历届省普通高中精品选修课程评选和普通高中选修课网络课程评选获奖的生涯教育课程内容后，发现其主体均可以概括为“导言——认识自我——职业认知——学业认知——生涯决策和管理”的结构。

由于课程体系发展比较成熟，在推广的过程中比较容易操作，所以越来越多的学校开设了生涯教育课程。在新高考方案公布之后，浙江省教育厅教研室组织多次调研，其中学生修习生涯规划课程的比例从76%提高到了98%，生涯规划教育课程已成为各普通高中的“标配”。除了“普及”生涯规划教育通识课程之外，浙江省的普通高中还就如何提升课程专业性，如何加强生涯规划课程与学科课程的联系等问题进行研究，逐渐形成了建设生涯规划课程群和加强学科渗透两种课程发展路径。

除了校内生涯教育课程以外，很多学校也充分利用校外资源开展了丰富多彩的社会实践和职业体验等活动。但总体而言，课内活动的时间要远远大于课外实践的时间。在生涯教育开展的过程中，通过课内活动达成一定的教学目标是有必要的。然而，高中生涯教育也应重视其实践性，与理论性学习相比，实践性学习可以充分运用学校内外的各种资源，丰富生涯教育的内容，开拓学生的知识视野；可以加深学生的感性认识，产生强烈的心理冲击，增强学习的实效性。

因而，学校有必要充分利用校内外的各种资源，一要“请进来”，邀请本校毕业的学生、家长以及社会各界人士等进入学校和学生进行形式多样的互动；二要“走出去”，组织学生到校外进行职业访谈、职业体验和志愿服务等丰富多彩的活动。

四、过度使用测量工具，忽略自主探索过程

生涯教育领域有一些测量工具，比如霍兰德职业兴趣测验、职业能力倾向测试等可以帮助学生进行自我探索。这些测量工具可以作为自我探索的辅助手段，但不能过于夸大其功能。

比如，有一位教师在教学“职业兴趣探索”一课时，首先让学生写下自己最感兴趣的几个职业，然后对全班学生进行霍兰德职业兴趣测验，再让大家根据测验结果去“更正”自己感兴趣的职业。他把霍兰德职业兴趣测验结果当成了标准答案，这样应用测验结果是不科学的，测验结果只能作为一个参考，而不能将其当成标准答案。

霍兰德职业兴趣测验经过多年的发展，信度和效度都比较高。但是，国内修订版距离现在的时间太久。1996 年，龙立荣对霍兰德职业兴趣量表 1985 版进行了修订，使之更符合当时中国背景下的兴趣测验，各项指标都达到了心理学统计的要求。1996 年至今已经超过了 20 年的时间，这 20 年间社会发展变化风起云涌，新的职业层出不穷，一些职业趋于消亡，而测试版本及结果解释仍旧停留在 1996 年，不得不说给人一种“刻舟求剑”的感觉。

由于市场利益的驱动，国内相关机构近年来开发出各种各样的生涯教育测量工具，像“六选三”学科倾向测验、职业价值观测验等，但这些测验普遍存在着缺少常模、信效度低等问题，参考的价值和意义不大。

生涯教育最重要的是，引导学生积极主动地进行自主探索，而不是经

过心理测验给学生一个所谓“科学确切”答案的过程。因此，在生涯教育过程中，需要扭转“过度使用测量工具”的局面，尽量不要对学生进行大规模的生涯教育测验。即使需要使用测量工具，一般也应一对一地进行，在测量过程中持续与学生对话，引导学生自主探索。

五、过分夸大规划的意义，忽略机会因素的作用

高中生需要生涯规划，但不能过于强调规划的意义，更不能过度规划。因为许多研究发现，理性决策模式并不能真实地反映人类的决策行为，也并非达成圆满生涯的必要条件。人类认知上的局限性，使得我们总是无法充分理性地去处理所有的问题。

生涯混沌理论认为，生涯发展具有主动适应的特征，每个人在一定程度上都可以按自己的剧本塑造自身的生涯历程。生涯发展的非线性特征告诉我们，长期的生涯行为是难以预测的，而现实中完全按照自己生涯规划的方向依次展开的生涯发展过程也是很少见的。人们能不断更新自己的生涯规划，在自己所处的环境内外自由移动，在各种角色间自由变换。因此，开展生涯教育对学生的发展有一定的价值和意义，这是毋庸置疑的。但是，不能无限夸大生涯规划的作用和否定人的主动适应特征。社会上没有学过生涯心理学或者没有接受过系统的生涯教育的成功人士比比皆是。

当然，理性看待生涯规划，并不是否定适度规划。生涯混沌理论认为，虽然长期的生涯行为是难以预测的，但短期的生涯行为却是可以预测的。因此，规划可以适度开展。适度规划的理念就是：不要急于让学生做职业规划；尽量不做太久的规划，而是做中、短期的规划；规划可以有一个大致的方向，而不一定是具体的职业。

针对上述问题，笔者认为：地方教育部门应该发布生涯教育方面的指导性文件，为生涯教育顺利实施提供政策支持和理念指导；地方教育部门或者学校应该邀请生涯教育专业人士对生涯教育师资和班主任进行系统性培训，以提高他们的理论水平和实践能力；学校应该组建生涯教育实施团队，明确分工，确保学生能够通过多种途径接受生涯教育；学校要根据每位学生的特点，制订独特的生涯教育方案，而不能停留在“集体测试，然后提供一个结果”的低层次发展水平上。

生涯教育在国内相对来讲还是一个新生事物，发展不够成熟，因此难

免会出现种种问题。笔者相信随着理论和实践的逐渐成熟，生涯教育也会越来越规范和完善。

参考资料

[1] 刘鹏志，金琦．生涯教育新理念：轻规划　重适应［J］．中小学心理健康教育，2015（18）：10-12.

[2] 赵小云，薛桂英．高校生涯辅导的新方向——生涯适应力教育［J］．现代教育管理，2012（10）：111-114.

[3] 姜飞月．生涯混沌理论：心理学理论的新视角［J］．南京师大学报（社会科学版），2007（4）：104-108.

[4] 白玉萍．从生涯规划到生涯适应［J］．江苏教育（心理健康），2016（9）：7-8.

[5] 沈之菲．生涯心理辅导［M］．上海：上海教育出版社，2000.

[6] 丁林兴．高中生涯教育应处理好的五对关系［J］．中国教育学刊，2012（11）：71-74.

[7] 王小平．浙江省普通高中学生生涯规划教育研究：历程、现状及趋势［J］．基础教育课程，2017（1）：6-14.

[8] 沈洁．霍兰德职业兴趣理论及其应用述评［J］．职业教育研究，2010（7）：9-10.

[9] 刘鹏志，金琦．普通高中生涯教育课程的设计与实施［J］．现代教学，2015（6）：62-63.

[10] 姜飞月．生涯混沌理论述评［J］．职业技术教育，2006（22）：63.

[11] 刘鹏志，金琦．生涯混沌理论及其对生涯教育的启示［J］．中小学心理健康教育，2016（9）：8-10.

教学设计

我的生涯彩虹图

我在投影上呈现了一张《流浪地球》的电影海报，还没等我开口，下面已经开始议论纷纷了。“老师，今天要看电影吗?”有的同学问。“这部电影最近很火，大家看过吗?”大部分同学都表示已经看过了，也有一小部分同学表示还没时间去看。“我们今天不讨论电影的内容。大家都知道每部电影中都有各种各样的角色。有人说，人生如戏，全靠演技。我们在生活中都扮演了哪些角色呢?”

“学生。”大家异口同声地回答。“只有这一个角色吗，除了学生以外，我们还扮演了哪些角色呢?”我引导大家。“儿子。”有的男同学回答道。“女儿。”女同学也不甘示弱。“还有姐姐，我有一个妹妹。”有个女同学回答道。“是啊，是啊。”有的同学小声附和着。不一会儿，大家七嘴八舌地讲出了许多角色。我看时间差不多了，就说：“现在大家看大屏幕，我们来做一个‘角色知多少’的活动。每个人会拿到一张印着圆形的 A4 纸。首先，确定自己经常扮演的角色有哪几个；然后，根据角色所付出精力的多少，确定各个角色所占的面积大小；最后，在各个部分上写下所扮演的角色，就像我图例上所画的这样”。图例如图 1 所示。

图 1　“角色知多少”的图例

我看大部分同学都已经完成了，让大家先在小组内分享，然后每个小组推选一名组员在全班分享。李硕站起来说：“我投入精力最多的这个角色是学生，学生学生，以学为生嘛，大概占 70%。其次，是儿子的角色，大概占 15%，现在基本都住校了，也只有周末才能见到父母。再次，是哥哥，大概占 10%，虽然妹妹很可爱，可是根本就没有时间……”讲到这里，他有点哽咽，含着泪继续说：“最后就是公民了，大概占 5% 的时间，我也尽力想做一个好公民，可是现在用在这方面的时间太少了，你懂的！”大家哄堂大笑了起来。其他几个组也依次有组员站起来分享自己的角色比例，引起了全班同学的共鸣。

“感谢大家真诚的分享，没想到角色的比例会引起大家这么多的思考和体会。这个角色比例只是我们在这个时间点上的一个横截面。大家思考一下，随着时间的流逝，我们会不会出现一些新的角色?”“工作者，我们大学毕业以后，都会找到一份工作来养活自己。”张敏说。“丈夫或者妻子，到一定年龄大家基本都会结婚吧。”王勇站起来说，引起大家一阵笑声。“还有父母，结婚以后总得要个孩子吧。”吴飞说道，大家又是一阵哄堂大笑。

“大家讲得很有道理。当然，我们一生中所扮演的角色非常多，可能数也数不过来。但是最基本的几个角色不外乎是子女、学生、休闲者、公民、工作者和持家者等。如果按照时间的推移，各个角色随着时间的维度依次展开，可以形成一个非常漂亮的、像彩虹一样的图，这就是著名的生涯心理学家舒伯首创的生涯彩虹图。”我在大屏幕上呈现出舒伯的生涯彩虹图（见图 2）。

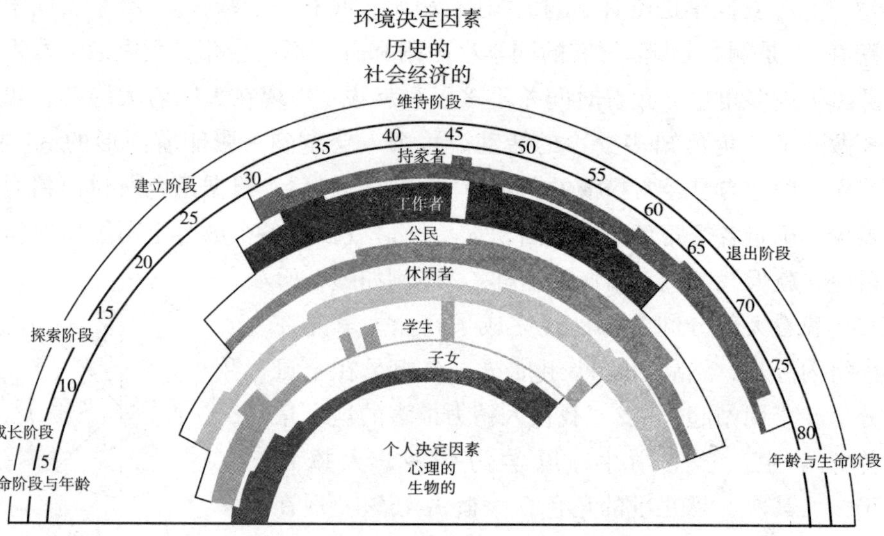

图 2　舒伯的生涯彩虹图

“外圈上的数字是年龄，舒伯按照年龄将人的生涯分为 5 个阶段。第一个阶段从 0 岁到 14 岁，称为成长期，是个人能力、态度、兴趣与需求发展的启蒙期。经由观察、模仿、游戏与角色扮演，逐渐发展出自我观念，并建立对工作世界的观念。第二个阶段从 15 岁到 24 岁，称为探索期。这个阶段从学校、社团活动、各项工作经验中进行工作角色的试探，也从活动中了解自己的兴趣、性格、能力、价值观与工作之间的关系，并做试探性的决定；在生活经验里试着鉴定个人的兴趣与其能力相配的可能工作领域，并借由训练与发展技能提升职业参与，以利于实践个人的兴趣与能力。而职业偏好逐渐偏向某些特定的领域，生涯在此时期已有初步的雏形。第三个阶段从 25 岁到 44 岁，称为建立期。这个时期由于工作经验的积累，让自己更了解个人适合从事的工作，并借由教育训练充实工作技能，培养升迁的能力，致力维持工作的安定。第四个阶段从 45 岁到 64 岁，称为维持期。主要任务是维持既有职位与成就，准备退休计划。第五个阶段从 65 岁开始，到死亡结束，称为衰退期。主要任务是改变工作及生活形态，配合逐渐衰退的身心状况，逐渐适应隐退生活。”我向大家解释了生涯彩虹图的含义（见图 3）。

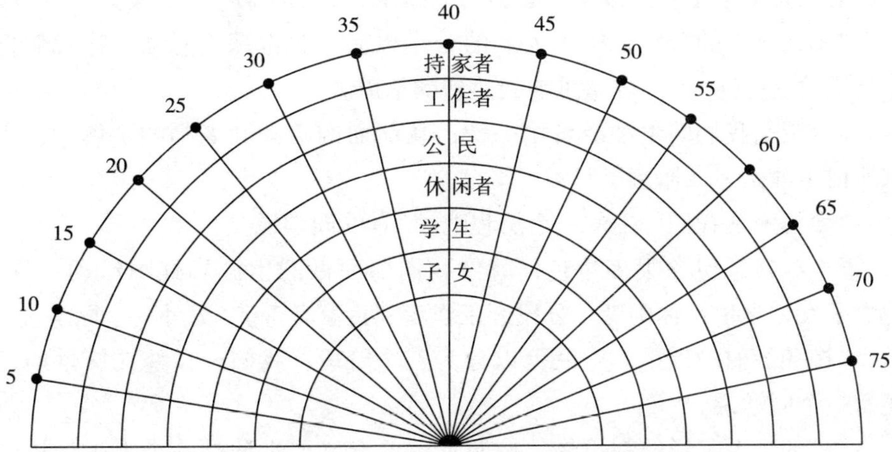

图 3　空白的生涯彩虹图

“大家都明白了生涯彩虹图的含义了，接下来我们画一画自己的生涯彩虹图。”我将空白的生涯彩虹图发给了学生，让每个小组领取一盒蜡笔。

十分钟以后，大部分同学都已经完成了自己的生涯彩虹图，有的已经迫不及待地在自己组内分享了起来。轮到在班级分享了，朱聪聪首先举手要求分享，她将自己画的生涯彩虹图呈现在大屏幕上，引起一片惊叹：“哇，画得真漂亮！”她不好意思地吐吐舌头，说道：“首先是子女的这个角色吧，我是单亲家庭，妈妈一个人独自把我抚养成人，我希望能够多陪陪她。所以，我希望以后读大学也在本地读，这样陪她的时间会多一点。我想我大学毕业以后就会去参加工作，因为我家的经济条件不是太好。等我工作几年以后有了钱，再去读硕士、考博士。所以，学生这个角色在大学毕业以后几年投入精力比较少，大概 5 年以后又会投入比较多的精力。关于休闲者，等自己事业有成以后才会考虑比较多吧，大概在 45 岁以后了。我希望能够在公民这个角色上投入比较多的精力，自己有时间的时候多去做做公益，特别是关心一下特殊家庭的孩子。因为我自己是特殊家庭……”讲到这里，她的声音有些发颤，个别同学的眼圈也红了。“关于工作者，我希望自己年轻的时候多投入些精力，等到一定年龄就可以颐养天年了。希望50 岁以后能够退休吧，退休以后带着妈妈周游世界。关于持家者，我想以后晚点结婚，晚点要孩子，这样可以有足够的时间去打拼。”

朱聪聪分享以后，又有几位同学做了分享。大家时而若有所思地点点头，时而感动地泪水打湿了双眼，时而露出会心的笑容。

“感谢大家的分享，听了大家的分享以后，我也深受感动，让我们把掌声送给这些同学。”教室里响起热烈的掌声。

“今天是我们的生涯教育第一课，从前面的活动和老师的讲解中，大家明白生涯是怎么回事了吗?”

“生涯就是我们一生的一个历程吧。”有的同学说。

“生涯好像包含很多角色，就像我们前面做的生涯彩虹图活动一样，包含子女、学生、休闲者、公民、工作者和持家者等。”另外一个同学说。

“按照舒伯的理论，生涯可以分为五个阶段，我们现在处在探索期。”还有一个同学说。

“是的，大家说的都没错。按照舒伯的定义，生涯是一个人生活里各种事件的演进方向和历程，综合个人一生中各种职业和生活的角色，并借此表现出个人独特的自我发展组型。贯穿一生的各种各样的角色形成了我们的生涯，我希望大家课下多多思考自己的各种角色，以成就自己美好的生涯。”

开窗放入阳光来

——我的乔哈里窗

设计理念

乔哈里窗（Johari Window），又称乔哈里资讯窗、约哈里窗，是一种关于沟通的技巧和理论，亦被称作“自我意识的发现———反馈模型”，由美国心理学家乔瑟夫·勒夫和哈里·英格拉姆在20世纪50年代提出。这一模型把人际沟通信息视作一个窗口，并依据传播双方对传播内容的熟悉程度，将其划分为四个区域，即公开区、盲目区、隐秘区（或称隐藏区）和未知区（或称封闭区），具体模型见图4所示。

	自己知道	自己不知道
他人知道	A 公开区	B 盲目区
他人不知道	C 隐秘区	D 未知区

图4　乔哈里窗

在四个象限中，公开区指自己和他人都知道的信息，例如姓名、相貌、性别等；盲目区指他人知道而自己不知道的盲点，例如他人对你的观感、真实态度等；隐秘区则是自己知道而他人不知道的资讯，例如你的秘密、隐私等；未知区指自己与他人均不知道的信息，是在沟通过程中尚待挖掘的区域。该模型中，各个区域的覆盖面积呈现相互交叉的动态变化，由此导致其他区域范围的迁移，从而影响对话沟通的效度。

辅导目标

1. 知识与技能：了解乔哈里窗理论，理解公开区、盲目区、隐秘区和未知区的具体含义。

2. 过程与方法：通过绘制自己的乔哈里窗，让学生明白个体乔哈里窗四个区域的分布情况；通过小组讨论，让学生掌握适度调整四个区域大小的方法。

3. 情感态度与价值观：通过乔哈里窗的相关活动，激发学生探索自我的动机与意识；通过思考和讨论，让学生更加科学理性地看待自己，从而能够接纳和开放自己。

活动过程

一、热身活动

小游戏：照镜子

游戏规则：两个人为一组，甲扮演人，乙扮演镜子，面对面站好。甲可以做出各种表情和动作，乙像镜子一样“反射”甲的表情和动作。一分钟以后，甲乙互换角色。

教师：做了这个游戏以后，有什么体会和感受呢？

学生1：很好玩，很有趣。

教师：除了好玩，对你有什么启发呢？

学生2：你怎么对待别人，别人就会怎么对待你，你的人际关系就是你的一面镜子。

学生3：生活就像一面镜子，你对它笑，它就会对你笑；你若对它哭，它也会对你哭。

教师：大家讲得都非常有哲理。正像我们刚才在游戏中的一样，大家面对面站着，有没有发现一个有趣的现象：身体的一些部分，他人可以看到，但是我们自己却看不到，有哪些部分呢？

学生4：背部、头部。

教师：的确如此。还有些部分他人看不到，但是我们自己可以看到，比如裹在衣服里的一些部位。还有些部分他人看不到，我们自己也看不到，比如内脏器官。按照自己能否看到和他人能否看到，我们的身体可以分为四个部分。其实，在心理学中有个理论，按照类似的分法，可以把“自我”分成四个部分。今天，我们就聊聊这个话题“开窗放入阳光来——我的乔哈里窗”。

设计意图：教师通过“照镜子”这个小游戏，可以迅速拉近学生之间的距离，活跃课堂气氛，并且启发学生通过对照镜子的思考，水到渠成地引出乔哈里窗。

二、绘制乔哈里窗

课件上呈现图 4 所示的乔哈里窗。

教师：这就是乔哈里窗。第一个部分是他人知道并且自己知道的部分，称为公开区；第二个部分是他人知道但自己不知道的部分，称为盲目区；第三个部分是自己知道但他人不知道的部分，称为隐秘区；第四个部分是自己不知道并且他人也不知道的部分，称为未知区。当然，我们从这个图来看，四个区域的大小好像是一样的，其实在实际生活中，这四个区域大小并不相同。为了更好地表示它们之间的大小关系，我把乔哈里窗用圆形来呈现。现在大家按照图 5 来画画自己的乔哈里窗，并为每个区域标注所占比例。你还可以按照自己的理解，把不同的区域涂成不同的颜色。

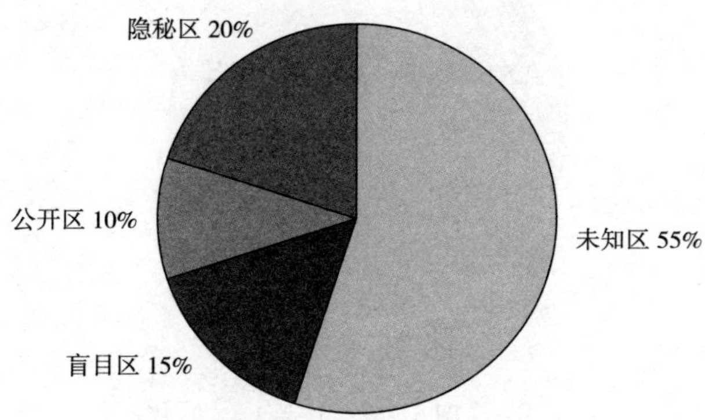

图 5　圆形的乔哈里窗

学生根据自己的实际情况绘制自己的乔哈里窗，并涂上颜色。

设计意图：教师通过对乔哈里窗的讲解，让学生理解公开区、盲目区、隐秘区和未知区的含义。学生通过绘制自己的乔哈里窗，了解自己四个区域的大小比例，对自己的乔哈里窗形成初步的印象。

三、分享乔哈里窗

教师：现在我们邀请几位同学分享一下自己的乔哈里窗。首先请你向大家展示你的乔哈里窗中各个区域的大小，然后讲讲为什么涂成这样的颜色，分区的大小对你的个性和性格会产生怎样的影响。

学生1：我最大的区域是隐秘区，占比52.5%。我把它涂成了红色，红色是警戒色，意味着没有我的允许别人是不能轻易触碰的。然后是未知区，占比是25%。我把它涂成了绿色，就像一片郁郁葱葱的原始森林，等待着他人和自己的开发。然后是公开区，占比12.5%。我把它涂成了黄色，黄色代表着收获的季节、成熟的季节，众人面前我更多表现的是自己比较成熟的一部分。最小的部分是盲目区，我比较喜欢思考自己，因此我对自己还是比较了解的，所以盲目区比较小。盲目区涂成了蓝色，像海洋一样深不可测，也代表了我的困惑。总的来讲，公开区有点偏小，我是一个性格比较内向的人（见图6）。

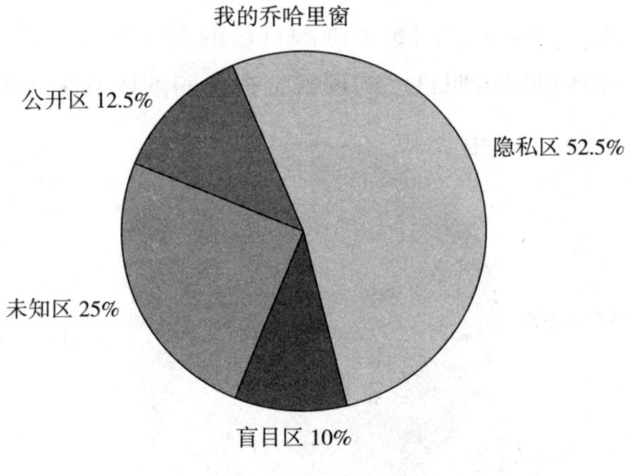

图6　学生作品1

教室里响起了热烈的掌声。

教师：这位同学讲得非常好，虽然他说自己比较内向，但是愿意第一个站起来分享，说明他非常勇于挑战自我。谢谢他真诚的分享，还有谁愿意分享？

学生2：和刚才那位同学不一样，我的公开区是最大的，占比40%。我把它涂成了淡蓝色，象征着我的心胸像天空一样开阔。隐秘区和未知区一样大，都是25%。未知区涂成了红色，我对自己的未知区充满了好奇。隐秘区涂成了橘黄色，那里保留了很多少女的秘密（笑声）。最小的是盲

目区，我还是比较喜欢听取别人对我的看法的。我的公开区比较大，在生活中我是一个乐观开朗的人，比较善于和人沟通。（见图7）

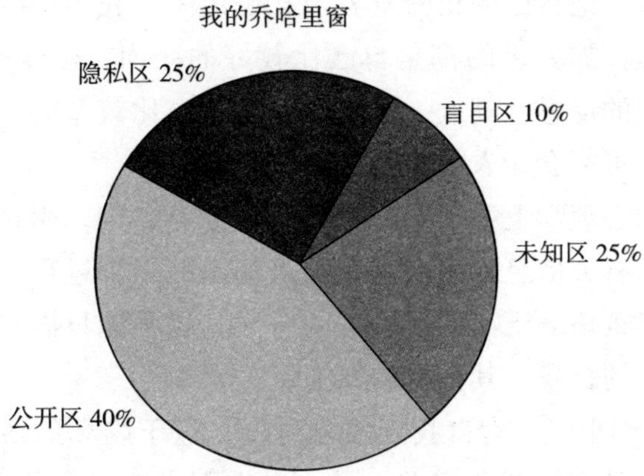

图7　学生作品2

教师：非常感谢这位乐观开朗的女生的分享，她也喜欢分析自己，对自己非常了解。两位同学的乔哈里窗都非常有代表性，那么心理学家是如何看待乔哈里窗的呢？心理学家认为，公开区相对比较大的人，一般来说意味着他会给人一种善于交往、非常随和的感觉，容易赢得信任，容易开展合作与沟通。那么，如何让自己的公开区变大呢？

学生3：让一部分盲目区变成公开区。

学生4：隐秘区也可以部分变成公开区，未知区也可以。

教师：对。圆形的面积是恒定的，如果公开区要变大，或者隐秘区变小，或者盲目区变小，或者未知区变小。当然两个或者三个区域同时变小也是可以的。

设计意图：学生通过分享自己的乔哈里窗，意识到每个人的乔哈里窗都是不一样的，分区大小不同也会影响人的性格。

四、畅谈乔哈里窗

教师：接下来我们分组讨论以下两个问题：1. 如何让部分隐秘区成为公开区？这个过程中需要注意哪些问题？2. 如何让部分盲目区成为公开区？这个过程中需要注意哪些问题？前面三个组讨论第一个问题，后面三个组讨论第二个问题。

经过几分钟的讨论以后，教师邀请大家回答上面的两个问题。

学生 1：因为隐秘区是自己知道但别人不知道的部分，所以需要自己向别人敞开心扉，把自己的秘密或者隐私讲出来。我们小组认为在这个过程中首先要谦虚，如果讲的都是自己比较好的一面，可能有吹牛的嫌疑，甚至会引起别人的反感。其次，也不能都讲自己比较差的一面，这样给人感觉比较消极，可能会让人瞧不起自己。

教师：我们心理学上关于这个过程有个专有名词，叫自我开放。它是指把自己个人的有关信息讲出来，使别人知道的一个过程。你们组的意见是自我开放需要策略，既不能只讲好的一面，也不能只讲差的一面，向他人呈现一个真实的自我。其他组的看法呢？

学生 2：我们小组认为自我开放要适度，过于隐私的话题讲出来，一个方面可能让人对你的印象变差，另一个方面也有可能让自己受到伤害。其次，自我开放也要因人而异，不同的亲密程度会导致开放的程度也是不一样的。就像我们有些信息可以透露给好朋友，但是不可能透露给陌生人。

教师：这个小组的思考非常深入，他们认为自我开放要掌握好度，否则可能让自己受到伤害，并且自我开放也有个体差异，面对不同的对象，自我开放的程度也是不一样的。社会心理学的研究观察到，当一个人向另一个人做出一定的自我开放时，常常引发另外一人做出相同水平的自我开放。随着这一过程的进行，双方的个人关系变得越来越密切。如果一方的自我开放未能引起另一人的自我开放，前一方的自我开放趋于受抑制。阿尔特曼和泰勒称这一规律为自我开放的“互报规则”。所以，如果你的朋友经常向你分享有关自己的私密话题，而你却守口如瓶时，你的朋友可能会远离你而去。关于第一个问题我们就讨论到这里，第二个问题你们有什么想说的？

学生 3：盲目区是他人知道但自己不知道的部分，如果想变成公开区，那么就要从他人那里了解对自己的看法。在这个过程中，我们认为要从多人那里了解对自己的看法，如果仅仅是一个人的话，他所讲的可能是片面的。另外，在听取别人对自己的看法时，要有足够的心理准备，万一他讲的是你不好的方面，你要能承受住。

教师：这是一个听取反馈的过程，要多听他人的反馈，而且要有包容他人的心理准备。良药苦口利于病，忠言逆耳利于行。其他小组呢?

学生4：我反对公开区为什么一定要变大，虽然我的公开区并不大，但我觉得自己挺好的，觉得自己挺快乐的。

教师：感谢这位同学提出不同的意见，四个区域的大小都是相对而言的，也并不是公开区越大越好，关键是四个区域相互和谐，最重要的是接纳真实的自己。

设计意图：通过对上述两个问题的讨论和分享，学生掌握了扩大公开区的方法和策略，明白公开区的大小要适度，并不是越大越好。

五、展望乔哈里窗

教师：前面我们主要讨论的是三个区域的关系，接下来思考一下如何探索自己的未知区?

学生1：多读书，通过读书发现未知的自己；还可以做做心理测试，现在的心理测试种类繁多，可以帮助我们从不同侧面了解自己。

学生2：多看电影，电影中不同的角色可以帮助我们更好地认识自己。再一个就是自省，吾日三省吾身，通过自省也可以发现新的自我。

学生3：多行动，多尝试各种不同的事情，从中发现自己的潜力。

学生4：还要多跟人交往，在和不同的人互动的过程中，发现自己的特长和精彩之处。

……

设计意图：教师通过让大家对“如何探索自己的未知区”这一问题的思考，让大家了解一些探索未知区的方法，为将来更好地认识自己打下基础。

六、总结

教师：感谢各位的分享，大家提出了很多关于探索自己未知区的方法和途径，让我们明白如何去探索未知的自己。最后，老师送给大家一句话：每个人都有许多未经发现的品性，能够像哥伦布那样探索自己灵魂绿洲的新大陆的人，是有福气的。希望我们在座的每一位同学都能做探索自己灵魂绿洲的人!

【教学反思】

乔哈里窗理论是一个大家所熟知的有关自我意识的理论模型，如何以它为基础，设计一节既生动有趣又有深度的心理辅导课？经过几次修改，笔者确定按照“热身活动——绘制乔哈里窗——分享乔哈里窗——畅谈乔哈里窗——展望乔哈里窗——总结”的六个步骤而展开。

在上课的过程中，由于环节设计得比较清晰，笔者感觉课程节奏比较流畅，有种水到渠成的感觉。热身活动一下子拉近了大家的距离，整节课气氛活跃。而问题的设置也让学生有话可说，学生真诚的分享推动本节课达到了高潮。美中不足的是部分学生还很想分享自己的观点，由于时间关系，教师不得不经过自己总结后结束本节课。

捕捉生命中的蝴蝶

理论基础

“蝴蝶模型”源自20世纪60年代美国著名气象专家洛仑兹发现的第一个混沌吸引子，因形状与蝴蝶相像，洛仑兹将其命名为蝴蝶吸引子（见图8）。

蝴蝶吸引子左边像一个同心圆，运动到一定时候会突然跳到图案右边，接着又返回——“稳定性”与“内在不确定性”纠缠于其中。蝴蝶模型与洛仑兹蝴蝶吸引子类似，在它的轨道上没有起点也没有终点，图中的箭头预示着运动的必然性和突变即将发生的可能性。同时，通过关联计划和非计划，蝴蝶模型强调对极有可能（稳定性）和意外（内在不确定性）事件的处理，这在本质上与蝴蝶吸引子相同。

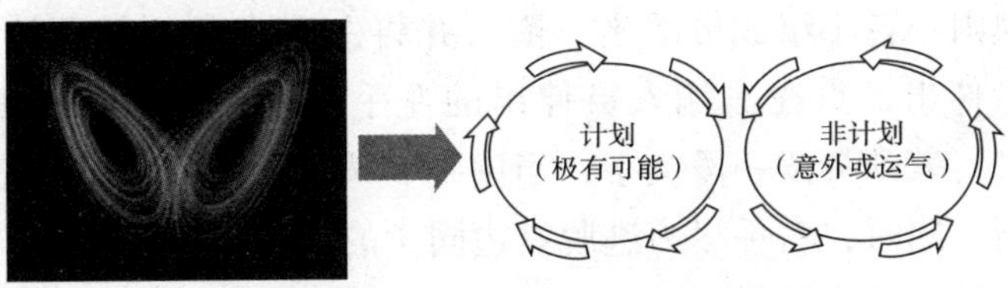

图8 从蝴蝶吸引子到生涯规划蝴蝶模型

为了使蝴蝶模型更加直观形象和便于理解，笔者将蝴蝶模型进行了改变，以蝴蝶的躯干象征生涯规划方案，以蝴蝶的四个翅膀象征影响生涯规划的各种因素（见图9）。

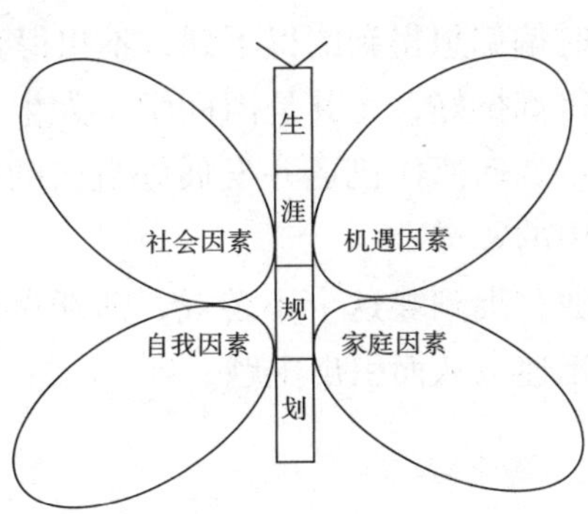

图9 笔者修改过的蝴蝶模型

辅导目标

1. 知识与技能：了解并理解蝴蝶效应和蝴蝶模型，重视微小差异和机会因素，反对僵化的生涯规划。

2. 过程与方法：通过热身游戏、小组讨论、表达性艺术疗法等方法，让学生深入了解蝴蝶效应和蝴蝶模型。

3. 情感态度与价值观：通过学生对蝴蝶效应和蝴蝶模型的理解，培养他们对生涯规划形成的正确态度和理念，从而更加有利于学生的生涯发展。

活动过程

一、热身游戏

小游戏：捉蝴蝶。

游戏规则：各小组成员围坐一圈，并将左手掌掌心朝下伸向左前方，右手则食指伸出，点在右侧人员伸出的左手掌心中，食指必须与掌心接触。接下来，教师会读一段文字，当读到“蝴蝶”时，左手迅速去抓左边同学的食指，同时，右手尽力逃脱右边同学的手掌。

教师：做了这个游戏以后，你有什么感悟或者体会？

学生甲：非常有意思，感觉非常激动和紧张。

学生乙：注意力一定要集中，耳朵要认真地听着老师，两只手还要想着迅速逃脱或者抓取。

学生丙：就像在人生过程中，有时我们想得到一些东西，同时还想逃避一些东西；可是有时偏偏想得到的得不到，不想得到的又躲不开。

教师：大家总结得都挺好，尤其是丙同学。人生当中，有很多机遇就像蝴蝶一样，我们应该如何抓住机遇并发展好自己的生涯呢？看我们今天的主题——捕捉生命中的蝴蝶。

设计意图：教师通过捉蝴蝶这个小游戏，活跃课堂气氛，引导学生意识到捉蝴蝶要灵活、迅速，从而引出主题。

二、评估未来

教师：我们已经上了一学期的生涯规划课，大家都对自己的未来进行了探索和思考。现在每个人手中都拿到了一张纸。纸上有一只蝴蝶，请在这个蝴蝶躯干上，以5年为一个阶段，自下至上写下自己20年的规划。比如要读什么大学什么专业，大学毕业以后是继续深造还是参加工作，如果参加工作会从事什么职业，以及自己会到达一个什么样的职位等（见图10）。

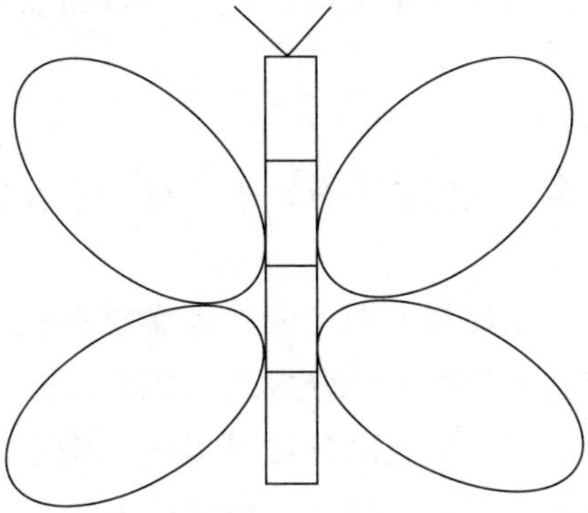

图10　评估未来

教师：现在大家基本上都写好了，那你现在思考一下，你的人生会完全按照你规划的路线进行吗？你觉得这种可能性有多大，请把这个数字写在纸的空白处。

学生分享。

学生甲：30%左右。

学生乙：20%。

学生丙：50%差不多吧。

教师：还有没有更高点的？好，这边有同学举手。

学生丁：90%。

教师：这位同学对自己的未来充满了自信，还有比他更高的吗？认为这种可能性为100%的有没有？

没有同学举手。

教师：看来我们的职业生涯完全按照我们自己规划的路线来发展几乎是不可能的，为什么会这样？

学生：计划赶不上变化。

教师：是的，计划再完善，也无法跟上千变万化的世界。

设计意图：通过规划未来并评估实现目标可能性的大小，让学生意识到步步为营的规划存在着一定的局限性。

三、小组讨论

教师：是的。有很多因素在影响着我们规划的实现，都有哪些因素影响了我们规划的实现？大家在小组内讨论一下，组长做好记录工作，一会儿代表小组发言。

学生讨论并回答。

第一小组组长发言：我们认为有以下几种因素在影响着生涯规划目标的实现：

第一，高考成绩。比如我计划考南京大学自动化专业，如果高考的时候，分数没有达到南京大学的录取分数线，那么目标肯定是无法达成的。

第二，父母的观点。比如我的分数可以达到南京大学自动化专业的录取分数，但是父母坚决反对，我可能会做出让步。

第三，朋友的影响。比如我那时谈了一个女朋友，我女朋友希望和我读同一所大学。虽然我可以考上南京大学，但是她的分数不够，可能我也不会去读。

同学们鼓掌、大笑。

教师：的确如此，这三种因素都有可能影响我们规划目标的实现。其他组呢？如果观点相同就不要讲了，讲一下第一组组长没有提到的其他影响因素。

第二小组组长发言：和第一组相同的观点我们就不讲了，我们觉得还有几种因素：

第一，个人想法的改变。比如我现在很想成为一名律师，可是随着时间的流逝，过几年我的想法也许就不一样了，到那时我可能想成为一个企业家。那么，成为律师的梦想也就没有必要去实现了。

第二，社会的变化。有句话说得好，计划赶不上变化。我现在想从事的职业，没准儿过几年消失了。即使没有消失，比如说已经成了即将淘汰的职业，我想我也不会去选。

教师：他说得非常好，现在社会发展变化的节奏太快，我们需要根据社会的发展来调整自己的人生规划。其他小组还有要补充的吗？

第三小组组长发言：我觉得除了他们所说的几点以外，其实还有很多，比如说：

运气。突然有一天，我买彩票中了1000万，我可能会考虑现在的工作到底还要不要做下去。

疾病。如果生了很严重的疾病，根本就无法从事当前的工作，那么人生的轨迹也会随之发生改变。

还有家庭的变故，家里多了一个人，或者家里少了一个人，都有可能会影响到职业的选择与发展。

教师：正像第三组组长所说，影响我们生涯发展路径的因素是很多的，甚至有时只是一件小之又小的小事。这其实就是我们所说的蝴蝶效应。

教师出示PPT：

蝴蝶效应是指在一个动力系统中，初始条件下微小的变化能带动整个系统长期的、巨大的连锁反应。

教师：形象一点来说，就是我们教室窗外的一只蝴蝶扇动了一下翅膀，可能会在美洲引起一场飓风。所以说，影响我们生涯发展路径的因素是非常多的，这样就会导致生涯发展变得非常复杂。

设计意图：通过讨论与分享，学生明白了影响生涯发展路径的因素是非常多的，生涯发展是一个动态的过程。

四、绘制蝴蝶

教师：现在我们各个小组在讨论的基础上，把影响生涯发展路径的各个因素写在蝴蝶的四个翅膀上，可以根据自己的理解，分成4个类别。写好以后，大家用蜡笔把蝴蝶涂上颜色。

绘制好以后，学生展示（见图11）。

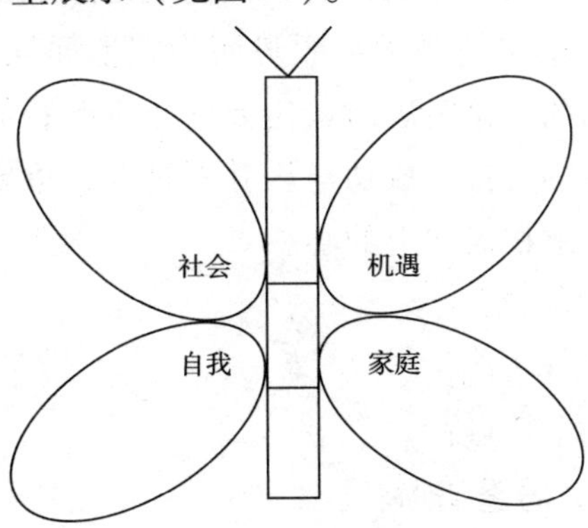

图11　绘制蝴蝶

设计意图：通过表达性艺术疗法，学生对生涯发展有了更加形象、直观的认识，明白了生涯发展就像蝴蝶飞翔，躯干、翅膀、外界等因素都会影响自己的方向。

五、畅谈感悟

教师：我们在做了这一系列的活动后，你对生涯规划又有了哪些新的认识？

学生分享。

学生甲：规划要灵活，要随机应变。因为内、外界无时无刻不在发生着变化，如果我们的规划一成不变，势必会导致人生失败。

学生乙：有句话说得好，识时务者为俊杰。我们需要生涯规划，但不能让规划限制了自己的发展。如果在生涯发展过程中，需要突破自己的规划，我们应该勇于突破，不能被规划所局限。

学生丙：我想做一只优雅的蝴蝶，飞翔于天地之间。不管天气如何变化，我心依然灿烂。

学生大笑、鼓掌。

学生丁：我以前一直听人说，规划得越久就越好。通过今天的学习，我发现影响规划发展的因素太多，如果规划得太久，到时很多事情已经面目全非。其实，我们不用规划得太久，活在当下，做好每一天就是最好的。

教师总结：你们的分享很深入，对我也很有启发。最后，我总结三点。第一，人的生涯发展并非线性的，偏离既定路线是常态，所以要定期或不定期进行调整；第二，要学会顺势而为，生涯规划是为自己服务的，而不是用来束缚自己的，该突破时一定要勇于突破；第三，如果心态调整好了，一切都是最好的安排。成功与否并不重要，重要的是无论顺境还是逆境，你都要保持一颗积极向上的心。

六、课例特点

本节课有以下几个特点：

（一）环节紧凑，思路清晰

本节课从小游戏——捉蝴蝶开始，到蝴蝶模型上写规划、评估实现的可能性，再到通过讨论引出蝴蝶效应，最后到绘制蝴蝶、畅谈感想，以蝴蝶为主线，层层递进，将蝴蝶效应和蝴蝶模型融入其中，设计得比较巧妙，环节和环节之间衔接得非常自然，因此整节课显得比较流畅。

（二）气氛热烈，学生主动

“捉蝴蝶”这个游戏互动性强，参与面广。做完以后，学生的身心得到了放松，班级的气氛明显活跃了起来。这些都为本节课制造了一个很好的情感氛围。后面一系列的活动设计都比较新颖，比如在蝴蝶身上描绘自己的生涯规划这一环节，很多同学觉得非常有趣，因此都愿意积极主动参与。

（三）讨论深入，观点鲜明

笔者让学生对自己的生涯规划实现的可能性做一下评估，使他们意识到生涯规划实现的可能性有大有小，但是100%达成几乎是不可能的。这时激起了他们的好奇心，然后抛出问题——影响生涯规划实现的因素有哪些——可谓水到渠成，他们在好奇心的驱使下，对问题的讨论就比较深入。在上课的过程中，笔者要求大家找到影响生涯规划实现的因素有哪些，并且最好能够举例说明，使大家的发言显得更加有说服力。

笔者从本节课的效果来看，辅导目标基本达成。

反思

人的生涯发展既是一个动态的过程，也是一个系统，它不断地和外界进行着能量和信息的交换。很多教师在生涯教育课中，过于强调规划的意识和能力，往往容易忽略变通和适应能力的培养。这样可能让学生过于重视规划，从而限制了自己的发展。

为此，笔者专门设计了这节课，目的就是让学生不要僵化地去做生涯规划，而忽略了变通意识和适应能力的培养。蝴蝶效应和蝴蝶模型告诉我们，我们不但要重视规划，更要重视微小差异和机会因素的影响，反对僵化的生涯规划。通过本节课，学生了解到影响生涯发展的因素是非常多的，明白了微小的事件也有可能导致生涯发展产生重大的改变，意识到变通和适应的重要性，对生涯发展形成了正确的理念和意识。

第七章 家庭教育

呵护孩子的好奇心

爱迪生从小就特别爱问“为什么”，喜欢对一个问题追根究底。有一次老师讲一位数的加法，同学们都认真听讲，爱迪生突然举手问老师：“二加二为什么等于四?”老师被问得张口结舌，一时难以回答他的问题。还有一次，妈妈正在厨房里忙着，爱迪生好像有了惊人发现似的跑来，睁大眼睛问：“妈妈，咱们家的那只母鸡真奇怪，它把鸡蛋放在屁股底下坐着，为什么?”

和小时候的爱迪生一样，很多儿童也非常喜欢问“为什么”。诸如“为什么天是蓝的?”“为什么狗有四条腿，而鸡只有两条腿?”“为什么人不能像鸟儿一样飞?”等问题，源源不断地从儿童的头脑中冒出。其实，对于初涉人世的孩子来说，身边的世界是那么陌生、新鲜和神秘，在他的心灵中充满了探索、求知的欲望，这宝贵的好奇心正是他智慧的火花，更是促使他探索世界的原动力。研究证明，一个富有好奇心的人能够保持旺盛的求知欲，在获得知识的过程中体验乐趣，这种乐趣又会激励他不知疲倦地去探究未知的领域，促进其智力的发展。好奇心就像是性能优秀的赛车引擎，保证赛车勇往直前，在激烈的竞争中遥遥领先。

面对孩子这些无穷无尽的“为什么”，家长刚开始可能还有耐心作答。时间长了，有的家长便有些不耐烦，面对孩子的问题或敷衍了事，或欺瞒哄骗，甚至会责备、辱骂孩子：你怎么会有这么多的问题？面对孩子的

“为什么”，我们家长应该如何加以引导呢?

首先，家长应该积极回应孩子的问题。孩子问问题的时候，成人采取不理睬、厌烦甚至嘲笑的态度是错误的。一些研究表明，正是由于大人的态度使孩子感到沮丧，从而放弃了对问题的提问，使孩子的好奇心随着年龄的增长而渐渐泯灭了。因此，切忌“你怎么这么烦呢”“你没看我正忙着吗，一边玩去”“你真傻”等伤害孩子自尊心的话语。孩子提问题的时候，你应该放下手头的事情，做出注意倾听孩子说话的姿态：弯下腰，目光注视孩子，用点头和微笑鼓励他，并且用语言表达对问题的兴趣，如：“这个问题很有意思”“是吗”等。

其次，家长应该灵活地处理孩子的问题。孩子所问的问题，一般有以下几类：一是经过家长启发，孩子可以自己得出答案的问题；二是孩子得不出答案，家长知道答案的问题；三是孩子和家长都得不出答案，但是可以寻求资料来解决问题；四是人类还未解决的问题。

因此，当我们面对孩子的问题时，首先要明白它是属于哪一类的问题，然后再根据具体情况作答。遇到第一类问题时，家长不要急于给出孩子答案，而应该鼓励孩子开动脑筋，认真思考，查阅相关书籍和资料，自己寻找问题的答案。遇到第二类问题时，家长应该根据孩子思维的发展情况，耐心细致地向孩子讲解。遇到第三类问题时，有些家长为了在孩子面前树立权威形象，总想装出无所不知的样子，即使对自己不知道或不熟悉的事物也要装作很了解的样子。这样的态度一方面可能使孩子觉得提问题是一种不成熟的表现，从而尽量避免提问题；另一方面，一旦家长的“假面”被孩子识破，他们就可能威信扫地，难以得到孩子的尊重。因此，遇到这种情况时，家长应该非常诚实地对孩子说：“这个问题我也不知道答案，等我知道了答案，再来告诉你”。遇到第四类问题时，家长应该向孩子说明并鼓励孩子，比如：“你问的这个问题很好，可是我们人类目前还没有解决这个问题的能力，但愿你长大以后能够找到这个问题的答案。”

再次，寻找拓宽孩子好奇心的方法。作为家长，我们不但不能扼杀孩子这种好奇心，而且要积极营造环境，培养孩子的好奇心。比如，我们可以经常向孩子提出一些问题，问题可以涉及日常生活常识、历史典故、地理知识、科学技术等诸多方面，这样就可以激发孩子的好奇心，提高孩子的探索能力，促进智力的发展。

对孩子要有合理期望

希腊神话中流传着这样一个故事：皮格马利翁是塞浦路斯国王，善雕刻。他不喜欢塞浦路斯的凡间女子，决定永不结婚。他用神奇的技艺雕刻了一座美丽的象牙少女像，在夜以继日的工作中，皮格马利翁把全部的精力、全部的热情、全部的爱恋都赋予了这座雕像。他像对待自己的妻子那样抚爱她，装扮她，为她起名加拉泰亚，并向神乞求让她成为自己的妻子。爱神阿芙洛狄忒被他打动，赐予雕像生命，并让他们结为夫妻。

这个故事告诉我们，当我们怀着对某件事情非常强烈期望的时候，我们所期望的事物就会出现。这就是心理学上的期望效应，也被称为皮格马利翁效应。

期望效应同样也适用于家庭教育，父母对孩子的合理期望是有利于孩子的身心发展的。但是，期望并不是越高越好，也不是越强烈越好。如果父母利用好了期望效应，孩子就会在父母的引导下得以顺利的发展；反之，如果利用不好，不但会造成孩子发展上的障碍，而且会引起孩子强烈的逆反心理，造成亲子关系紧张。

那么，父母在利用期望效应时应该注意那些问题呢？

首先，父母的期望应该建立在孩子现实情况的基础上。哪个人不望子成龙，望女成凤，但是理想和现实总是有差距的，不可能每个孩子都能成龙成凤。可是，很多家长对孩子的期望往往脱离孩子的实际，不但给孩子造成了沉重的压力，也经常给自己带来莫名的烦恼。

其次，父母要考虑孩子的承受力。期望可以对孩子造成压力，而压力在一定程度上可以转化为动力。父母的期望越高，对孩子造成的压力也就越大，如果这种压力超出了孩子的承受力的话，就会对孩子造成心理上的伤害。曾经有一位高三的学生，刚开始学习成绩挺不错，母亲要求他考清华大学。可是后来考试成绩退步了，而母亲对他的要求并没有降低，他的压力就变得非常大。在这种沉重的压力下，他后来得了抑郁症，不得不放弃了当年的高考。而他的母亲每次见到我都会后悔地说：“当初真不应该给他那么大的压力。”很多时候，当孩子出问题了，父母才会明白：一个身心健康的孩子比他取得什么成绩更重要。可是，这个时候往往已经迟了。

再次，父母要考虑孩子自身的兴趣爱好。很多家长喜欢把自己当作雕塑师，把孩子当作橡皮泥，总想随心所欲地把孩子塑造成自己理想中的样子。你要知道每个孩子都是独立的个体，都有自己的主观能动性，他不是你的附属品。因此，家长应该尊重孩子的独立性，要考虑到他的兴趣爱好，切不可仅仅按照自己的意愿对他提出要求和期望。

还有，父母的期望应该全面。家长的期望应该全面一些，不但对孩子有学习方面的期望，也应该有道德品质方面的期望，还应该有身心健康发展方面的期望。只有这样，孩子才能全面发展，成长为一个健康向上的人。

呵护孩子的梦想

今年的《开学第一课》以“我的梦·中国梦”为主题，启发青少年应该有梦、寻梦并追梦，传递给他们“每个人都可以成为梦想家，人生的每一个阶段都需要梦想的指引，梦想需要坚持和探索，同时每个人的梦想汇集起来就可能成为国家的梦想、中国的梦想”这样的一种精神，对青少年起到了很好的教育作用。

正如威尔逊所言：“我们因梦想而伟大，所有的成功者都是大梦想家：在冬夜的火堆旁，在阴天的雨雾中，梦想着未来。有些人让梦想悄然绝灭，有些人则细心培育、维护，直到它安然度过困境，迎来光明和希望，而光明和希望总是降临在那些真心相信梦想一定会成真的人身上。”作为传递并且践行新时期的“中国梦”的青少年理应做梦、寻梦并且追梦，而家长和教师理应呵护并支持他们的梦想。

人天生有做梦的权利，人应该有做梦的权利，别剥夺孩子做梦的权利。让梦想牵引着孩子们，牵引着孩子们走向自由的一生。周作人说：“人生的季节是不能颠倒的，青年时代应该是做梦的季节。”别林斯基更是说：“年轻的时候应该追求虚幻的东西，不能过早地把人培养成太现实的人，要敢于做梦。”可是，现在的孩子们越来越缺乏梦想，或者梦想受到成人的污染而流于世俗。

呵护孩子的梦想，首先要精心保护孩子的梦想。只有这样，梦想的种子才有可能长成参天大树。因为任何一个成功都是从梦想起头的。但是很多父母面对孩子的梦想，会说那是不切实际的“好高骛远”。他们不明白，正是有了梦想，不切实际才有可能变为实际。梦想就像人体成长所需要的微量元素和氨基酸，缺少它，大脑的营养就跟不上，思维就会迟钝，没有想象力、创造力。

呵护孩子的梦想，其次要鼓励孩子多做梦。梦想对孩子来说，有着无穷的魅力，对孩子的成长具有巨大的牵引和激励作用。儿童心理学家认为，梦想是孩子自我形象的理想化。梦想能使孩子在学习、工作过程中创造不辍，并获得愉悦的情感体验。据对爱迪生、毕加索、达尔文等成就卓著的人物的研究表明，他们在童年时期，都有一个绚丽多彩的梦，他们一生为之奋斗的目标就是实现早年的梦想。因此，不管孩子的梦想多么光怪陆离、不可思议，家长都不应该讽刺、打击他们。

呵护孩子的梦想，再次要尽可能帮助孩子实现梦想。孩子的有些梦想是光怪陆离的，而有些梦想也是符合实际的。对于有些符合实际的梦想，家长尽可能帮孩子去实现。只有这样，孩子才能对梦想有坚定的信念和必胜的信心。

教儿育女，父亲责无旁贷

“养不教，父之过”是《三字经》里的一句话，它强调了父亲在家庭教育中应该担负起重要责任，也说明了父亲在家庭教育中的意义和作用。父亲在家庭教育中的确扮演着举足轻重的角色。美国耶鲁大学的科学家最近做的一项研究表明，由父亲带大的孩子智商更高，他们在学校里的成绩往往更好，将来走向社会也更容易成功。

土耳其家庭教育专家加利斯也指出，子女出生之后到入学之前，是最重要的成长阶段，而刚强的父亲在孩子的成长过程中扮演着相当重要的角色。加利斯说，身为父亲者如果能够在此阶段对子女付出更多的爱心和关怀，可以使子女建立自信和开放的性格，也有助于子女适应外界不同环境的变化。他还表示，以协助子女的人格成长而言，一位尽责父亲对子女的照顾，较母亲对子女的照顾，可以增加25%到30%的正面成效。可见，父亲的教育在孩子的成长过程中发挥着至关重要的作用。

但是，随着时代的变迁，现代社会中男人的应酬越来越多，教育子女的重担似乎落在了女人肩上。据人民日报报道，一项调查显示，家庭教育中以母亲为主的占50%，以父亲为主的占20%，平分秋色的占30%。可见，男人在教儿育女方面的付出还远远不够。

那么，作为父亲，应该从哪些方面去影响孩子呢?

首先，父亲应该教会孩子坚强。母亲是水，她滋润孩子的心灵，使他们学会温柔；父亲是山，他支撑孩子的信念，使他们学会刚强。正如东子在《父亲教育，决定孩子的一生》中所说，母亲的教育像给孩子喂红糖水，而父亲的教育像给孩子补钙。这种影响是潜移默化的，只要父亲少一些应酬，多一些和孩子接触的时间，孩子的刚性自然会滋生出来。

其次，父亲应该培养孩子的探索精神。男性的探索精神比较强，他们和孩子在一起往往会搞一些探索性的活动。如果孩子把玩具拆开，当母亲的往往会骂他们一顿。而当父亲的往往置之不理，甚至会和孩子一起去拆玩具，满足孩子的好奇心，然后再教孩子把玩具装好。父亲往往对新生事物比较感兴趣，因此也会激发孩子对新事物的兴趣。孩子一般都爱和父亲一起玩游戏机、玩电脑等，这些对培养孩子的探索精神都是很好的。

再次，父亲应多带孩子进行户外活动。男性往往爱活动，他们喜欢带孩子去跑步、游泳、攀岩、打球，这无形中就锻炼了孩子的意志力。而且男性不像女性那样爱干净，因此对孩子玩泥土、挖沙子的行为，往往采取支持态度。英国科学家发现，孩子太干净对身体并不好，他们的研究结论是“脏”孩子更健康。这是因为太干净，孩子很少接触细菌和病毒，体内无法产生抗体，一旦有大量病菌侵入身体就被打倒，因此“一尘不染”对孩子成长并不是好事。

当然，父亲还可以和孩子一起下下棋，提高孩子的逻辑思维能力；还可以带孩子做做手工，培养孩子的动手能力；等等。

总之，教育孩子，不仅仅是女人的事，男人应该发挥应有的作用。

教会孩子感恩

“感恩的心/感谢有你/伴我一生/让我有勇气做我自己/感恩的心/感谢命运/花开花落/我一样会珍惜”，一首饱含深情的歌曲，已经在中华大地传唱了多年，时至如今，依然受到人们的喜爱。可见，感恩的观念正在日益深入人心。

中华民族是个感恩的民族，自古就有“饮水思源，知恩图报”“滴水之恩，涌泉相报”“羊羔跪乳、乌鸦反哺”“谁言寸草心，报得三春晖”的优良传统。然而，近些年来，随着独生子女的增多以及父母等长辈对孩子的娇生惯养，许多家长在对孩子的培养上，往往只重视孩子的智力开发，而忽略了对孩子进行品德方面的教育。于是不少孩子早已经习惯于不断获取，觉得别人为他（她）做的任何事情都是应该的，而不知道自己应该学会感恩。慢慢地，孩子就会变得唯我独尊、缺乏爱心、缺乏责任感。

爱因斯坦曾经说过：“每天我都无数次地提醒自己，我的内心和外在的生活，都是建立在其他活着的和死去的人的劳动的基础上。我必须竭尽全力，像我曾经得到的和正在得到的那样，作出同样的贡献。”伟人尚且怀着一颗谦卑的感恩之心，而我们普通人有什么理由遗弃这份情感呢？那作为家长，应该如何对孩子进行感恩教育呢？

首先，父母要为孩子做出榜样。曾经有这样一个故事：一对夫妻嫌弃年迈的父母，他们做了一副箩筐，在一个深夜把父母放在箩筐里，挑到深山中，把父母丢弃。不料他们的小儿子偷偷地跟在他们身后，悄悄捡回了箩筐。夫妻发现后，问儿子这样做的缘由，儿子理直气壮地说：“留着给你们年老的时候用呀!”从这个故事中，我们可以看出：榜样的力量是无穷的。这种行为对孩子美好心灵的建立无疑会起到破坏作用。父母要以身作则、言传身教，潜移默化地对孩子进行思想、心理和行为上的影响，这是感恩之心形成的感情基础和重要保证。

其次，父母要教会孩子说“谢谢”。“谢谢”是一句单纯平实而又撼地摇天的话，它是人类最美丽的语言。有时候，一句“谢谢”是说不尽的盛意，道不完的感恩。当父母为你端上可口的饭菜时，不要忘了说声谢谢；

当老师为你讲解题目而延迟了下班时间时，不要忘了说声谢谢；当同学向你伸出援助之手时，不要忘了说声谢谢；当出租车司机将你送到家门口时，不要忘了说声谢谢……

再次，父母要选准时机对孩子进行感恩教育。孩子的生日就是母亲的“受难日”，“十月怀胎，一朝分娩”，母亲在这个过程中忍受了多少辛劳和苦痛。因此，家长要抓住孩子生日的契机，对孩子进行感恩教育。家长还可以利用国庆节、清明节等传统节日，对孩子进行感恩教育，使他们懂得今天的幸福生活来之不易，我们要学会感谢先人。

感恩是一种美德，是一种智慧，也是一种能力。常怀感恩之心的孩子，更能得到幸运之神的垂青。

兴趣是最好的老师

心理学研究结果表明，兴趣是学习动机中最为活跃和最为现实的心理因素，它决定着人的大脑工作的频率，学习兴趣越浓厚，学习积极性就越高涨。因为兴趣不但能使学生对学习活动产生一种强烈的迷恋和向往，而且还能使学生对学习行为形成一种执着追求和探求进取的心理指向。正如爱因斯坦所言："兴趣是最好的老师"，因此，培养孩子的学习兴趣是十分重要的。

那作为家长，如何培养孩子的学习兴趣呢？

第一，家长应该经常与孩子分享学习的快乐。当父母着迷于一场比赛、一门艺术、一项科技成果，甚至是一盘拿手菜时，别忘记了让孩子一起分享你的喜悦。如果父母刚读了一篇好文章而感到兴奋，也应该把自己的感受告诉给孩子，让孩子知道到底是什么让大人们如此高兴。虽然孩子还小，还不能充分感悟到其中的奥秘，但是这样做至少能让他感受到大人在学习时的热情，这样做还能向孩子传达一种信息：大人也喜欢学习，学习是一件快乐的事。

第二，家长应该为孩子创设一个浓郁的学习氛围。有的家长害怕影响孩子的学习，把所有的课外书都束之高阁，只让孩子接触课本与学习资料。其实，这种做法不但会缩小孩子的知识面，还会造成孩子对学习兴趣的丧失。哈佛大学的一项研究证实：如果孩子随处都能接触到书籍，那么他的阅读兴趣就容易被激发。所以，家长在孩子身边放置不同种类的报纸杂志等，是让孩子爱上学习的好方法。最好，家庭专门固定一个看书或探讨的时间，让阅读成为一种家庭生活习惯，并且让孩子从中感受到快乐。

第三，家长应该根据孩子的身心特点，经常提出一些问题。自然界蕴藏着无限的奥秘，而人类从小就有探索奥秘的好奇心。所以，小孩子非常喜欢问"为什么"。而有些家长在遇到这种情况的时候，往往缺乏耐心，只是简单回答一下，甚至还会批评责骂孩子。这样做会使孩子的探索积极性受到打击。因此，家长在面对孩子的问题时，一定要耐心回答，并且还要面对不同的情境经常地提出不同的问题，启发孩子思考，激发他们的探索兴趣。

第四，家长尽量少用奖赏作诱饵。有些家长为了提高孩子的学习成绩，往往以奖赏作为诱饵，许诺孩子取得什么成绩时给予什么样的奖励。其实，通过物品或金钱作为刺激，只会减弱孩子主动学习的兴趣，使得孩子把学习当作一个任务，而不是一件充满乐趣和惊喜的活动。事实上，只有当孩子对一件事情由衷感兴趣时，他才能学得又快又好又开心。

引导孩子走向道德自律

乐乐是一个6岁的小男孩，他家里玩具很多，但他似乎对玩具有一种天生的占有欲。每当爸爸妈妈带他到其他小朋友家里玩，他看到小朋友的玩具后，哭着闹着要带回家，直到爸爸妈妈答应给他买个新的时，他才极不情愿地放开手。有一次，他还偷偷地把小朋友的玩具带回家，妈妈发现以后，怒不可遏，狠狠地揍了他一顿。

作为父母，如果你家有个和乐乐差不多大小的孩子的话，你会发现他（她）会像乐乐一样，喜欢占有别人的玩具，甚至有时会采取“暴力”抢夺、“偷窃”等手段。这个时候，父母往往会手足无措，不知道如何去教育自己的孩子。

其实，对于这个年龄段的孩子，发生这种事情是非常正常的现象。著名的瑞士心理学家皮亚杰通过大量的研究，把儿童道德认知发展划分为四个有序的阶段。出生到3岁之间是前道德阶段，处于这个阶段的儿童正处于前运算思维时期，他们对问题的思考都还是以自我为中心的。他们不顾规则，按照自己的想象去对待规则。他们的行动易冲动，感情泛化，行为直接受行动的结果所支配，道德认知不守恒。3到7岁之间是他律道德阶段，处于这个阶段的儿童绝对遵从父母、权威者或年龄较大的人，但他们缺乏自律能力，无法控制自己的不良行为。7到12岁是自律道德阶段，处于这个阶段的儿童已能从客观动机出发，用平等或不平等、公道或不公道等新的标准来判断是非，这是一种为儿童自身已具有的主观的价值所支配的道德判断，属于自律水平的道德。皮亚杰认为只有达到了这个水平，儿童才算有了真正的道德。

由此可见，7岁以前的儿童处于比较低级的道德认知阶段，他们的行为往往受到个人的欲望所支配，而不去考虑行为本身会造成什么后果。当然，这种发展阶段并非一成不变的，如果家长方法得当，孩子可以更快进入他律道德阶段，从而形成良好的道德品质。那么，家长应该如何引导孩子呢？

首先，家长应该理性地对待孩子这种行为。有的家长发现孩子偷拿别人东西后，往往会看成是道德品质有问题，所以，他们就会非常生气，甚至暴跳如雷，对孩子恶语相加，拳打脚踢，严重地伤害了孩子的自尊心。其实，孩子之所以做出这种行为，是因为他们并没有意识到这是不好的行为，或者虽然意识到了，但是缺乏足够的控制能力。因此，家长应该站在孩子的角度去看问题，在态度上首先要表示理解。

其次，家长应该让孩子意识到自己的行为是不正确的。如果家长不问青红皂白把孩子打一顿，而不是向他讲明道理，那么，下次他依旧会犯同样的错误，因为他不知道什么是正确的行为，什么是不正确的行为。所以，家长一定要让孩子意识到自己的行为是错误的，并且家长要教会孩子什么是正确的行为。比如，可以让孩子把别人的东西归还，归还时还要向对方道歉。当对别人的玩具比较感兴趣，家长这时可以教会孩子如何正确地向别人求借东西。

再次，家长应该唤起孩子的道德情感。人们对道德信息的接受，以情绪的活动为初始线索；人们对道德价值的学习，以情感的体验为重要的学习方式；人的道德行为的发生，受情感的引发和调节；以情感为核心的动机系统是作为个人道德发展的内在保证。儿童的行为在很大程度上由情感所支配，要转变一个人的所作所为，就必须努力唤起他的道德情感。唤起孩子道德情感的最好的办法莫过于换位思考。因此，家长可以为孩子创设一种情境，让他设想自己心爱的“玩具”被别人“偷”走了，并体会这种失去玩具的心情，从而对这种行为产生厌恶之感。

最后，家长要对孩子正确的行为及时进行奖励。心理学研究表明，及时奖励能强化行为动机，对行为能起到促进作用。因此，当家长发现孩子正确的行为时，应该对他及时进行表扬和奖励，以强化行为的发生。比如，孩子看到自己喜爱的玩具时，他主动地向主人提出借用，这时，家长一定要表扬孩子，还可以辅助一些物质奖励。

只要家长的方法得当，孩子的道德自律能力就会得到加强。

勇对挫折才能成功

20 世纪 70 年代，中国科学技术大学的“少年班”全国闻名。在当年那些出类拔萃的“神童”里面，就有今天的微软全球副总裁、IEEE 最年轻的院士张亚勤。但在当时，全国大多数人都只知道有一个叫宁铂的孩子。40 多年过去了，宁铂悄悄地从公众的视野里消失了，而当年并不知名的张亚勤却享誉海内外，这是为什么呢?

归根结底，是他们抗挫能力的差别导致了今天的差距。因为成长过程过于顺利，致使宁铂很难有勇气面对失败。大学毕业后，宁铂在内心里强烈地希望报考研究生，但是他放弃了自己的想法。因为他太害怕失败了。而张亚勤在挫折面前勇于进取，不怕失败，从而铸就了他今日的成就。

正如一位美国儿童心理卫生专家说：“有十分幸福童年的人常有不幸的成年。”很少遭受挫折的孩子，长大后往往会因不适应复杂多变的社会而痛苦不堪。“挫折教育”其实就是使孩子不仅能从外界给予中得到快乐，而且能从内心激发出一种自寻快乐的本能。只有这样，孩子在挫折面前才能泰然自若，保持乐观。那父母应该如何培养孩子的抗挫能力呢?

第一，父母要树立挫折教育意识。

许多父母都认为，孩子心理承受能力差，应该对孩子保护有加，挫折会让孩子感到痛苦和紧张，不应该让孩子遭受太多的挫折。这种观念直接影响了孩子。其实，一个人受点挫折，尤其是早期受一些挫折，很有好处。孩子遭受挫折的经历有利于培养现代人的良好品德；有利于发展人的非智力因素；有利于丰富知识，提高能力。因此，家长应正确看待挫折的教育价值，把它看成是磨炼意志、提高适应力的好方法。

第二，父母要有意地给孩子设置一些挫折障碍。每个人都经常会遇到困难和挫折，对于孩子来说，在成长的道路上难免要遇到苦难、阻碍，如果孩子平时走惯平坦路、听惯顺耳话、做惯顺心事，那么一旦他们遇到困难，就会不习惯，从而束手无策，情绪紧张，容易导致失败。所以，父母不妨在平时学习和生活中有意地给孩子设置些障碍，以此来培养孩子的抗挫折能力。

第三，父母要鼓励孩子克服困难和挫折。有的孩子在逆境中易产生消极反应，往往会垂头丧气，采取逃避的方式。要改变这种现象，父母就必须在孩子遇到困难时，教育孩子勇敢面对挫折，向困难发起挑战。例如，当孩子登山怕高、怕摔跤时，父母就应该鼓励孩子说："别怕，你行的！摔一跤算什么?""你真勇敢！"当孩子一次次战胜困难时，他们便会增添勇气，激起战胜困难的愿望，自信心就会增强，抗挫折能力也就培养起来了。

第四，在孩子失败后，父母要温情地鼓励孩子。生活中的不如意太多了，对孩子来说，家人的温情与支持是信心的来源。人是有感情的动物，我们多么希望孩子能一切顺利，但是挫折却像影子一样跟随着孩子的一生，我们只好把它当作生活里正常的一部分，以一颗平常心去对待。因此，当孩子面对挫折的时候，父母更应看重孩子的心灵，用温情去温暖孩子，对孩子进行引导，避免挫折对孩子的心灵造成伤害。

第五，父母要引导孩子多读一些伟人传记。我们读得多了，就感觉到人生的过程就是不断战胜困难、战胜挫折的过程。和伟人比起来，我们遇到的困难和挫折实在算不了什么。父母引导孩子多读伟人传记，多向伟人们学习战胜挫折的方法和技巧。

不经历风雨，怎能见彩虹，只有勇于面对挫折的孩子，才能取得成功！

早恋不是洪水猛兽

笔者时常接到家长的咨询电话，而孩子“早恋”问题竟成了家长咨询最多的热门话题。当得知孩子“早恋”的消息后，有的家长如临大敌，对孩子横加指责；有的家长胆战心惊，惶惶不可终日；有的家长气急败坏，把孩子骂个狗血喷头。

其实，家长完全没有必要这么担心和紧张，正如北京大学精神卫生研究所唐登华教授所说：“早恋并不是洪水猛兽，你越是压抑他的欲望，这种欲望就越膨胀，偷偷摸摸的爱情，反而让他觉得更具诱惑力，所以，你要允许他有适当的接触。”只要家长对早恋有正确的认识，并且能够充分地尊重孩子，对他（她）的感情加以疏导，早恋不但不会造成不利的影响，反而会促进孩子的成长。

一、家长应该充分尊重孩子的情感

我们应当承认早恋是青少年身心发展过程中出现的一种正常现象。人是有情感的，青春期的感情萌动是成长发育与环境因素共同作用的结果。“异性相吸”是自然界普遍存在的规律，人当然也不例外。家长应把这一观点明确地告诉孩子，让他（她）知道父母是理解他（她）的，以建立起相互信任的关系。这有助于以后的坦诚交流与有效沟通。但在实际操作中，有的家长还没有调查出事情的真相，就对孩子说三道四。还有的家长则会借题发挥，讽刺孩子，甚至对孩子破口大骂，严重伤害了他们的自尊心，让他们产生了逆反心理，从而使得问题的解决陷入了僵局。

二、家长应该给孩子足够的时间来处理

罗密欧与朱丽叶相爱，由于双方家族世仇，他们的爱情遭到了极力阻挠。但来自家庭的压迫并没有使他们分手，反而使他们爱得更深，直到殉情。这样的现象我们叫它“罗密欧与朱丽叶效应”。所谓“罗密欧与朱丽叶效应”，就是指当出现干扰恋爱双方爱情关系的外在力量时，恋爱双方的情感反而会加强，恋爱关系也因此更加牢固。有的家长发现自己的孩子

出现早恋现象，马上想尽一切办法想把他们拆散，这样处理，不但不能达到目的，反而可能使他们的关系更加牢固。因此，笔者建议家长在处理此类问题时，一定要晓之以理，动之以情，不要寄希望马上解决问题，而是给孩子足够的时间来处理。

三、家长应该满足孩子对爱的需求

很多孩子之所以早恋，是因为他们太缺少爱，所以拼命地寻求爱。有的家长忙于自己的事业，很迟回家或很少回家，甚至常年在外，孩子得不到关爱；有的家长关系亮起红灯，冷战争吵，甚至大打出手，孩子成了替罪羊；有的家长很少和孩子沟通，一张口就是成绩长成绩短，孩子心烦意乱。当孩子无法从父母那里获取爱的时候，他们就会转而在其他人身上寻找爱，这时早恋就会产生了。因此，当孩子早恋的时候，家长不应该一味地指责孩子，而是应该扪心自问：我给了孩子多少爱？

四、家长应该面对问题，而不是回避问题

家中有一个青春期的孩子，很多家长往往是选择逃避问题——对有关爱情、性的话题避而不谈，等到发现问题了，才悔恨为时已晚。

其实开诚布公地讨论这个话题，才是解决问题的根本之道。家长可以讲一讲自己青春期的经历，给孩子提供一个参考；还可以给孩子定一本这方面的刊物，帮助孩子成长；还可以跟孩子一起讨论影视文学中的爱情。家长这样做，不但消除了他们的好奇心，也可以帮他们形成积极健康的爱情观，使他们的一生都受益无穷。

积极面对，妥善处理，早恋会成为一个人一生中一段美好的回忆，而不是一段不堪回首的往事。

第八章 书信咨询

我为什么总觉得自己一无是处

刘老师：

您好！自从进入高中以来，我感到非常烦恼，感觉自己一无是处。人家会的我都不会，人家有的我都没有，原来引以为傲的成绩现在也变得惨不忍睹，我也很想像别人一样，开开心心，有很多朋友，但又怕别人看不起我。我究竟应该怎么办呢？

乖乖鱼

乖乖鱼：

你好！很高兴收到你的来信，谢谢你对我的信任。现就你提出的问题给出我的建议，希望对你有所帮助。

由于进入一个全新的环境，面对新的群体，每个人都需要一个适应过程。而你的成绩在你看来比初中下降了很多，其他又没有你值得引以为傲的方面。因此，你产生了一种很强的自卑感，你对自己的能力产生怀疑，不敢表现自己，害怕与人交往，这对你自己的身心健康是不利的。

那么如何帮助自己克服自卑的心理呢？

第一，正确评价自己。人在看到自己的短处时，也要看到自己的长处。“人贵有自知之明”，这里的“明”不仅表现在要如实看待自己的短处，也要如实分析自己的长处，要看到自己不如人之处和过人之处，这才是正确的自我评价。林肯、托尔斯泰都曾有过自卑感，但他们最终战胜了自我，走向了成功。你已经看到了自己的短处，但不能拿自己的缺点和别人的优点相比，而应发掘自己的长处，并让它成为自己信心滋长的土壤，这样你会感到自己并不比别人差。

第二，正确看待竞争。要正确地对待竞争，认识到胜败乃兵家常事，成功时能够做到不骄傲，失败时能够做到不气馁。初中时你的成绩很好，但是上了高中以后，大家都是佼佼者，相比之下，好像自己的成绩退步了。只要你坚信“一分耕耘，一分收获”的格言，然后采取积极的态度，一定会反败为胜。

第三，做一些先易后难的事，恢复和巩固自信。人在自卑的时候，非常希望能够做一些“惊天地泣鬼神”的事情，引起别人的注意，得到别人的尊重。但是，人不可能一口吃成胖子，寄希望于“一夜暴富”是不现实的，并且可能会弄巧成拙。因此，你需要脚踏实地、一步一个脚印，先做一些自己感兴趣而又最能体现自己才能的活动，从事的活动先易后难，并且对效果不要抱过高的期望。这样，你会在一次一次的成功中逐步获得自信和勇气。

第四，善于表现自己。除了以上几点之外，你要学会适当表现自己的才能，切勿把经常成功和屡遭失败归因为“好运”或“命苦”，要学会用愉快的情绪对待失败，越是失败越要尝试，这样才能取得成功。

祝你成功！

适应新环境

刘老师：

您好！暑假开学后，我升入了高中，来到了一个全新的环境。在这里，我既高兴，又担忧。高兴的是，通过“千军万马过独木桥”的中考，我终于考上了这所重点高中；担忧的是，在这里没有一个认识的初中同学，我感到很寂寞。此外，我看到同学们都很优秀，感到很紧张，但又不知如何下手。老师，我该怎么办？

小　琪

小琪同学：

你好。首先祝贺你考上了自己心仪的高中。随着暑假的结束，又迎来了一个新的学年。有的同学面对的依旧是熟悉的同学、熟悉的老师和熟悉的校园；可是有些同学不得不面对陌生的同学、陌生的老师和陌生的校园。当一个人置身于一个全新的环境时，就面临着一个适应的问题。这个问题如果处理得好，就能够很快地融入新的集体，个体也易获得更好的发展。若处理得不好，就很难融入新的环境，个体的发展也会受到阻碍。那么，应该如何更好地适应新环境呢？

第一，应该敞开自己的心扉。当面对一个全新的环境时，因为有一种不确定感，人们往往会关闭自己的心门。关闭心门后可能会进一步增加不确定感，然后进一步关闭心门，形成一种恶性循环。其实，越是新的环境，越需要自己敞开心扉。社会心理学的研究观察到，当一个人向另一个人作出一定的自我开放时，常常引发另外一人做出相同水平的自我开放。随着这一过程的进行，双方的个人关系变得越来越密切。如果一方的自我开放未能引起另一人的自我开放，前一方的自我开放趋于受抑制。因此，当我们向周围敞开心扉后，自然会得到周围人的回应，从而提升自己的人际关系。到一个新环境后，我们切不可只与以前的老朋友、老同学联系，而忽略身边的新同学。

第二，应该明确自己的目标。一个人没有明确的目标，就像航行在茫茫大海上的一叶扁舟一样，四处飘荡，终无所成。当然作为一个学生而言，我觉得目标不能仅仅局限于学习方面。除了学习要有明确的目标外，游玩、读书、交友、社会实践等方面都需要提前规划的。只有这样，你才能在一个新环境里迅速脱颖而出。

第三，应该准确定位。在一个新的环境里，若想取得成功，生涯规划是必不可少的。但是规划的前提是一定要充分地了解自己的现状，就像汽车导航一样，只知道自己的目的地是哪里还是不够的，还必须明白自己身处何方。在一个新的群体中，我们可能变得没有以前那样拔尖了，鲜花和掌声也不再属于自己了，但这并不意味着自己退步了或者变差了，只是参照系发生了变化而已。因此，我们要理性地看待自己在一个群体中的位置，承认和别人之间的差距。鸵鸟在遇到危险时，会把头埋入草堆里，以为自己眼睛看不到就是安全。人们把这种心态称为“鸵鸟心态”。事实上，鸵鸟的两条腿很长，奔跑得很快，遇到危险的时候，其奔跑速度足以摆脱敌人的攻击，如果不是把头埋藏在草堆里坐以待毙的话，是足以躲避猛兽的攻击的。有些同学就会抱着这种“鸵鸟心态”，不是正视自己目前的处境，而总想着“想当年”我是如何优秀。一个抱着“鸵鸟心态”的人，是很难发挥自己的实力的。所以，要做到准确定位，一个人只有承认差距，才能超越对手。

当然，适应新环境需要很多方面的调整与努力，而这三点是非常重要的。

男生真的比女生聪明吗

刘老师：

您好！高一高二的时候我的成绩很好，可是现在上了高三成绩却一直下降，接连被几个男生超过，我很着急。但是爸爸却说，男生比女生聪明，他们一到高三用功起来，女生根本比不上的，因此让我随遇而安，可是我又不甘心。男生真的就比女生聪明吗，我该怎么办？

依　然

依然：

你好。非常感谢你对我的信任，但愿我的回复会对你有所帮助。

高三了，你的成绩不但没有上升，反而下降了，所以你很着急；可是你爸爸却让你随遇而安，而你又不甘心，所以内心很矛盾；“男生比女生聪明”的“理论”又让你不知如何是好，对吗？

男生真的就比女生聪明吗，心理学的研究证明答案是否定的。

在日常生活中，我们经常听到有人说男孩比女孩聪明；或说，小时候是女孩聪明，长大以后就是男孩聪明了。其实，这是一种偏见，毫无科学道理。男孩与女孩之间在智力上到底有无差异？当代生理学家、心理学家、人类学家经过研究，普遍认为既没有差异，又有所差异。

说男孩与女孩之间在智力上没有差异，这是从智力的总体上讲的。因为人的智力不是单一的，而是多种能力的综合体。它包括观察力、注意力、记忆力、思维力、想象力和创造力等，其中思维能力是智力的核心，创造力是智力的高级表现。在这些能力中，可能男孩这一方面的能力优于女孩，而女孩那一方面能力又优于男孩。但从智力的综合平衡上来看，男女之间不存在谁优、谁劣、谁高、谁低的问题。

为什么说男孩与女孩之间在智力上又有差异呢？这是从智力发展的特点来说的。在智力活动的某些方面，男、女孩各有所长，各有特色。因为在智力结构和活动方式上，男孩、女孩是有一定差别的。

比如说在记忆力方面，因为男孩理解能力强，所以在意识记忆方面比较好，复述故事时往往不是逐字逐句模仿式讲述，而总是加入一些自己的语言；而女孩则以机械记忆为主，形象记忆能力较强，复述故事时常常是从头到尾、逐字逐句。还比如说在思维方面，女孩的心理感受能力较强，在叙述事情时常常表现出浓厚的感情色彩，偏于形象思维，她们能够有激情地朗诵老师讲述的童话故事，比较喜欢语文、外语、历史、地理、生物等学科；而男孩的思维具有广泛性、灵活性、创造性等特点，他们的概括能力较强，偏于逻辑思维，比较喜欢数学、物理、化学等学科。

因此，男生比女生聪明或者女生比男生聪明的说法都是不科学的。你就没有必要被这个传统的观念所束缚，而应该再接再厉，让自己有一个新的突破。

百尺竿头，更进一步。祝愿你的成绩能够更上一层楼！

我想成为一个外向的人

刘老师：

您好！我初中时非常内向，经常把自己封闭起来，不和同学交流，因此没有一个朋友。到了高中以后，为了改变这种状况，我强迫自己成为一个外向的人，强迫自己主动地和同学交流。即使他们聊到自己不感兴趣的话题时，我也强迫自己参与，但是他们好像对我的发言不怎么“感冒”。而我也为自己越来越不像自己而倍感苦恼，我该怎么办呢？

小　敏

小敏：

你好。老师非常理解你此时此刻的心情，谁不想拥有良好的人际关系呢？然而，良好人际关系的建立并非一蹴而就的，它也需要用心去经营。但是这种经营不能建立在颠倒自己性格倾向的基础上，否则不但不能建立良好的人际关系，而且还会给自己带来很多痛苦和烦恼。

大家都知道，性格可以分为内向型和外向型，或者称为外倾型性格和内倾型性格。一般来说，外倾型性格的人活泼好动、大方开朗、乐于助人、善于交往、反应迅速、精力旺盛、情感强烈、富有激情、勇敢顽强、热情大方、果敢坚持、兴趣广泛、适应性强，但是鲁莽暴躁、难以自制、浮躁多变、不够踏实，易随波逐流，做事三分钟热度，缺乏恒心和毅力。而内倾型性格的人则性情平和、安静沉稳，自制力强、情绪稳定，认真细致、谦虚谨慎，感情细腻、情绪持久，观察敏锐、善于思考、富于想象，但固执、不够灵活，动作迟缓、优柔寡断、因循守旧，孤僻冷漠、情绪脆弱、不善交往、多愁善感、胆小多疑、缺乏自信。

我们可以看出，性格没有绝对的好坏。外倾型有优势的一面，也有不利的一面；内倾型也是如此。如果人的性格非常内向，会造成人际关系出现一些问题，但这并不是造成人际关系问题的主要原因。其实，主要原因是你不能接纳自己，因为你不能接纳自己内倾型的性格，所以也觉得别人不能接受你。因此，你来信中用了三个“强迫”凸显了你想改变的强烈愿望，一个连自己都无法接纳的人，如何让别人接纳你呢？

改变应该建立在接纳自己的基础上，外向型性格和内向型性格各有自己的优势，不能厚此薄彼。在这个基础上，再培养一些兴趣爱好，你就容易和别人找到共同话题，沟通就会更加顺畅。如果你没有什么兴趣爱好，“强迫”自己去参与一些自己并不感兴趣的话题，对人际关系的改善也毫无帮助。

然后，我建议你多读一些课外书，经常看看报纸杂志，了解一些国内外大事，人们都喜欢和知识面宽的人交流，这样也有助于你人际关系的改善。

如何维持友谊

刘老师：

您好！我视她为我最好的朋友，把我内心深处的小秘密告诉她。但她却夸大其词，把我的秘密告诉别人，还在我面前装好人。有时被我知道了，她就对我爱理不理的，还向别人“诉苦”，弄得我好像冤枉她似的。她是我最要好的朋友，我并不想因此而失去她。我该怎么办呢？

葡萄佳子

葡萄佳子：

你好。非常感谢你对我的信任，能够把心中的苦闷讲给我听。有句话说得非常好：把快乐与朋友分享，快乐会加倍；把忧愁与朋友分担，忧愁就会减半。你能够把你的忧愁说给我听，让我也分担你的一半忧愁，这种做法很好。

被你视为最好的朋友，却把你告诉她的小秘密告诉别人，因此你非常生气，对吗？她不但不承认错误，还在你面前百般抵赖，你很伤心；同时又不想失去这个朋友，因此内心又很矛盾。我能理解你此时的心情，我也非常希望能够对你有所帮助。

首先，我认为你应该找她好好谈一谈。两个人找个时间好好交流一下，你应该让她明白她在你心中的地位——最好的朋友，同时也要声明你的感受——有些秘密只能讲给朋友的，你不希望被其他人知道，否则那就不叫秘密了。我想她应该能够理解你的，会改正自己的缺点的。

其次，你要了解她是不是故意说出去的。有些人肚子里藏不下东西，一有东西就想释放出去，也有可能她说的时候，一不小心就说漏了，因此你要原谅她的过错。但是，你同时要明白，有些秘密是不能讲给她听的。如果她是故意讲出来的，可能是她对你有意见，或者虽然你把她当作最好的朋友，但她可能没有把你当作最好的朋友，这个时候你和她的沟通就显得特别重要了。

最后，对待朋友一定要宽容，要诚实。只要你保持一颗宽容的心、一颗诚实的心，我想很多朋友会因为你的个人魅力而聚集到你的身边。

祝你朋友越来越多！

努力学习成绩反而下降了，怎么办？

刘老师：

您好！自从高二以来，我已经十分努力了，可是成绩不但没有提高，反而下降了。面对父母的殷切期望，我感到压力非常大，经常晚上睡不好。老师，你说我该怎么办？

小　丽

小丽：

你好。我能理解你此时此刻的心情，你认为自己已经付出了艰苦的努力，却没有换来丰硕的成果，因此感到十分不平衡，对吗？而面对父母的殷切期望，你却不能使他们感到满意，因此心里感到过意不去。我从你的信中看到了你优秀的品质，看到了一位渴望通过自己努力而获得成功并且体贴父母的女孩，我为你的父母能拥有这样一个女儿而感到高兴。

你说你已经十分努力了，但是成绩不但没有提高反而下降了，我想那应该是方法上出现了失误。我在咨询的过程中，也曾经遇到过类似的例子，大都是方法上出现了问题。因此，我向你提出以下建议，仅供参考。

制订合理计划，养成良好习惯。学习一定要有计划，你要把可由自己自由支配的时间找出来，然后按照需要划分为几个时间段，每个时间段学习什么科目一定要计划好。这样坚持两周以后，你就会形成一个良好的习惯，一到几点钟就学习什么科目，非常容易进入状态，提高学习效率。

善于分析，善于总结。孙膑曾经说过：知己知彼，百战不殆。学习也要讲究策略，我们要善于分析自己。不能仅仅埋头苦学，否则当你抬起头来时，别人已经把你远远抛在后面。现在高中有这么多科目，有些时候不能齐头并进，因此你要分析自己哪科好一点，哪科差一点，从而做到有的放矢。当然，分析还可以更细致一点，比如数学有很多章节，哪些章节学得好，哪些章节学得不好，你要做到心中有数；又比如英语题型有很多种，有阅读理解、完形填空、听力理解等，你要知道自己的弱项在哪里。这样做之后，自己就会知道时间该如何合理分配，把劲用到最该用的地方，提高成绩就变得容易多了。

不要搞“题海”战术。很多同学成绩下降后，心里就会发慌，因此就拼命去做题，但是效果并不好。做题多了，难免会碰到很多类似的题目，然后自己也不需要多做思考。我们如果做的题目少一点、精一点，思考多一点，一般会起到事半功倍的效果。比如，数学、物理等学科，很多题目都可以用多种方法去解答，如果我们能够尝试多种方法，我们的思维能力就能得到很好的培养；还可以变换题目的条件，引发新的思考，从而做到举一反三。

当然，学习的方法还有很多。我想只要你不断地努力，不断地分析与反思，你肯定会掌握越来越多的方法，你的成绩也会随之而提高。

爱因斯坦有个成功公式：成功=艰苦劳动+正确方法+少说空话。我相信，通过艰苦劳动再加上你的正确方法，你一定能够在学习上获得成功！

第九章　课题研究

“中学生命教育课程开发与实践研究”结题报告

一、概念界定

1968年，作为最早提出并实施生命教育的美国阿南达学校，在其创建之初就对当时美国学校的课程体系提出了质疑。其创建者詹姆斯·唐纳德·华特士认为，正因为我们的社会将知识的积累视为一切教育的终极目标，使得我们找不到生命的价值。“生命的意义并不在于金钱的获得，任何仅教授职业技术和提供智力信息的教育体系都忽视了人的本质需求。”由此，华特士设计了特别的生命教育课程来教导孩子们生活的艺术，这既是一种为学生快乐而成功地生活做准备的教育活动，也是一种以提升学生的自然和精神生命为目的的教育活动。

1979年澳大利亚成立的第一所“生命教育中心”（简称LEC），主要也是针对当时青少年的吸毒、暴力、艾滋病等问题。英国的生命教育中心创始于1986年，主旨也在于防治药物滥用。日本的生命教育除了针对青少年发展中出现的吸食毒品、暴力和艾滋病外，还包括青少年的自杀、杀人、破坏自然环境等问题。可见，西方生命教育的重点为“药物滥用、暴力与艾滋病”的防治。这是一种基于社会问题而催生的社会性教育。

我国台湾地区对生命教育极为重视。从20世纪90年代末晓明女子高级中学对生命教育的探讨至今，生命教育已被列为中小学的课程。我国台湾地区的生命教育与西方国家不同，它主要不是针对青少年中的吸毒、暴力、艾滋病乃至自杀和伤人等问题，而是针对一个经济发达的社会过于追求“技术理性”“工具理性”而导致的“价值理性”“目的理性”的萎缩和丧失。台湾生命教育计划和课程的主要负责人、台湾大学孙效智教授认为，生命教育必须解决生命的根基问题，即“人为何而活？应如何生活？又如何能活出应有的生命”。对这些根本问题的回答，有助于拯救技术时代、功利时代、物质主义时代人的心灵的失衡，实现身心灵的均衡发展，达到培养“全人”的目标。所以，孙效智认为，生命教育是一种全人教育，它追求的是人的身心灵、知情意的全面发展。

台湾师范大学的吴庶深教授也指出：生命教育就个体本身而言，是关乎“全人”的教育，目的在于促进个体生理、心理、社会、灵性全面均衡发展；就个体与外界的关系而言，是关乎与他人、与自然万物、与天（宇宙主宰）之间如何相处之教育。其目标在于使人认识生命（包括自己和他人），进而肯定、爱惜并尊重生命；以虔敬、自护之心与自然共处共荣，并寻得与天（宇宙）的脉络关系，增进生活的智慧，自我超越，展现生命意义与永恒的价值。

大陆学者冯建军指出，从实施生命教育的国家和地区的情况看，生命教育的内涵主要是教人认识生命、保护生命、珍爱生命、欣赏生命，探索生命的意义，实现生命价值的活动，或者说在个体从出生到死亡的整个过程中，通过有目的、有计划、有组织地进行生命意识熏陶、生存能力培养和生命价值升华，最终使其生命价值充分展现的活动过程，其核心是珍惜生命、注重生命质量、凸现生命价值。

二、课程开发与实施

大陆地区中小学开展生命教育，普遍包括心理健康教育、青春期性教育、毒品预防教育、法制安全以及预防艾滋病等。上海于 2005 年出台的《上海市中小学生生命教育指导纲要（试行）》指出，生命教育要形成各学段有机衔接、循序递进和全面系统的教育内容体系，生命教育在不同的年龄阶段具体内容有所差异。

除了上海以外，云南、浙江等地区也开展了生命教育方面的探索和实践，但是比较系统的生命教育课程还是比较缺乏的，因此，我们萌发了开发中学生命教育课程的念头。

（一）课程开发

1. 课程开发指导思想

课程的开发以《中小学心理健康教育指导纲要（2012 年修订）》和《中国学生发展核心素养》为指导思想。

《中小学心理健康教育指导纲要（2012 年修订）》中提出心理健康教育的总目标和具体目标。

心理健康教育的总目标是：提高全体学生的心理素质，培养他们积极乐观、健康向上的心理品质，充分开发他们的心理潜能，促进学生身心和谐可持续发展，为他们健康成长和幸福生活奠定基础。

心理健康教育的具体目标是：使学生学会学习和生活，正确认识自我，提高自主自助和自我教育能力，增强调控情绪、承受挫折、适应环境的能力，培养学生健全的人格和良好的个性心理品质；对有心理困扰或心理问题的学生，进行科学有效的心理辅导，及时给予必要的危机干预，提高其心理健康水平。

《中国学生发展核心素养》提出了生命教育的基本内容：理解生命意义和人生价值；具有安全意识与自我保护能力；掌握适合自身的运动方法和技能，养成健康文明的行为习惯和生活方式等。

2. 课程开发理论基础

我们经过查阅文献，不断思考后，确定以肖川、吴增强和冯建军三位教授关于生命教育课程的有关论述作为课程开发的理论基础。

肖川在《生命教育的三个层次》中提出，生命教育可以分为三个层次：

生命教育的第一个层次：生命教育作为教育的价值追求——我们的教育——真正人道的教育，不仅要对学生的升学考试负责，更要对学生一生的生命质量负责，要为学生的幸福人生奠基。生命教育的第二个层次是生命教育作为教育的存在形态。生命教育的第三个层次是生命教育作为教育的实践领域。

生命教育是一个有着明确的价值追求而又包含着多重主题的教育实践领域，因此是地方课程与学校校本课程开发与建设的重要主题和领域。这些主题和领域包括：让儿童远离意外伤害的教育，如熟悉安全防护标志、火灾和地震演习；意外伤害的救护和自我救护；了解个体生命的成长历程，如青春期教育；艾滋病和毒品预防教育；珍爱生命与预防自杀；自尊、自信与直率性格的培养；生命情怀的养育；临终关怀与死亡教育；人权教育——公民的人身权利，文化与社会权利；以保护生物多样性为目的的生态环境教育；国防与世界和平教育；等等。

教育专家吴增强认为，中小学的生命教育应该从生理、心理和道德伦理三个层面来确立内容和主题。具体是：(1) 生命安全与健康。这包括身体安全与健康、心理安全与健康、安全意识和安全技能。为了培养学生日常生活情境下的安全意识与技能，学校可开展安全知识方面的演讲比赛或班级辅导活动等，引导学生自觉遵守社会生活中的各项规则，同时开展意外伤害、自然灾害等安全教育，培养学生在突发情境下的自我保护意识。(2) 生命成长。学校以青少年成长过程中遇到的共同问题为出发点，开展心理健康教育活动或心理主题班会活动，从而帮助他们解决问题，培养积极良好的心理品质。主题可以是自我认识、人际交往、青春期性问题、考试压力及情绪宣泄等。(3) 生命情感与态度。为了培养学生热爱生命、敬畏生命的积极态度，学校可以班级为单位，开展诸如“寻找珍爱生命的理由”“爱自己、爱生命”“假如生命仅剩一天”等班级辅导活动。(4) 生命价值与意义。学校可引导学生建立积极的生命价值观，如在班级活动中开展“掌印画”活动，引导学生认真思考珍爱生命的理由，使学生明白每个人都有自己独特的价值，要活出精彩的人生。

南京师范大学的冯建军老师对生命教育的内容也提出了自己的看法。他认为，生命教育所言及的生命不仅包括人的生命，还包括自然界其他物种的生命。也就是说作为人类，不仅要珍爱自己的生命和不伤及他人的生命，也要爱护自然界有生命的物种。具体说来，生命教育包括生命与自我关系的教育，即“认识自我”（认识自己的优点和不足，知道自己是一个什么样的人）；生命与他人和社会关系的教育，即“认识他人”；生命与自然关系的教育，即“认识外界事物”。围绕个体生命的成长，生命教育涉及认识生命、珍爱生命和发展生命三个层次，三者缺一不可。

3. 确定课程目标

课程目标是课程开发的基础与导向，只有事先确定了课程目标，才能保证课程开发的科学性与系统性。经过几次研讨，几经修改，我们最终确定了课程目标。

“生命教育”课程目标

一、总目标

帮助学生认识到生命的重要性，掌握一些必要的生存技能与方法，培养其自我保护的意识与能力，从而使其学会珍爱生命、善待生命、尊重生命、敬畏生命以及正确对待死亡，最终使其形成健康完善的自我意识、积极乐观的生活态度、锐意进取的人生理想、悲天悯人的生命情怀。

二、具体目标

（一）知识与技能

了解生命的起源和个体生命的孕育以及生命中的各种生理和心理现象；认识生命的特性和发展规律；学会自我情绪的表达与调控；了解个体身心发展的规律，掌握促进身心健康的方法；掌握日常生活中的技能，学会保护自己，形成良好的生活方式和行为习惯；能规划自己的人生，实现自己的人生价值。

（二）过程与方法

通过表达性艺术治疗，初步了解人生的历程；通过画家谱活动，了解自己的家族发展过程，增强个人自豪感；通过视频以及微电影，了解生命的发展过程以及增强珍爱生命的意识；通过游戏，增进对自己的了解以及对同学的了解；通过团体讨论，明白生命的意义以及正确的生活态度。

（三）情感态度与价值观

培养学生尊重生命、尊重自然、尊重社会、尊重他人的可持续发展的价值观、责任感与行为方式；树立科学的生命观，反对宿命论，能够不断地进行生命的自我体验和省思，体悟生命的神圣与可贵，培养乐观主义的生命态度；让学生进一步欣赏和热爱自己与他人的生命，珍惜生命的存在，期待生命的美好，保护生命，发展生命，提高生命的价值和意义；培养学生善于沟通与合作的社会适应能力，引导他们把对生命的关怀和热爱惠及他人和自然，能勇敢地面对挫折，具有坚强的意志品质。

（四）组建团队开发课程

为了开发课程，我们组建了50多人的团队，利用公开研讨的方式进行课程开发。在2012年3月到2014年5月，我们举办了24次生命教育公开研讨活动，其中公开课52节，讲座3场。我们在每节课后都进行了认真的课后研讨，帮助教师分析优缺点，总结经验、吸取教训，大大提升了教师上课的水平。

在52节生命教育公开课的基础上，我们来开发生命教育课程：舍弃那些效果一般、辅导目标难以达成的课；同一主题的两节课，只有部分环节比较好，将两节课合并完善；有些主题未曾上过，却是生命教育的重要内容，将这些内容也补充进来。最终，我们确定本课程分为12个单元，分别为初识生命、考问生命、呵护生命、连通生命、夯实生命、歌唱生命、珍爱生命、展望生命、打磨生命、妆点生命、关怀生命与悲悯生命。每个专题均有3个课时，共36个课时。具体见表1所列。

表1　单元主题、课程主题、单元目标

单元主题	课程主题	单元目标
初识生命	生命的诞生	了解人的诞生过程，明白生命来之不易；认识到生老病死是人必经的过程，人的一生并非一帆风顺的，而是充满了未知与挑战
	我的生命年轮	
	生命的历程	
考问生命	人生金字塔	了解并追问人生的价值与意义所在，认识到自我的重要性，增强自我价值感
	我思故我在	
	我很重要	
呵护生命	机智面对性骚扰	增强自我保护意识，能够保护自己不受毒品、艾滋病、性骚扰的侵害
	预防艾滋病	
	对毒品说“不”	

（续表）

单元主题	课程主题	单元目标
连通生命	生命的联结	使学生认识到人的生命不仅仅属于自己，同时也是属于先辈和亲人的，学会和他人建立生命联系，唤醒生命意识
	我的重要他人	
	我的支持力——寻找社会支持系统	
夯实生命	活在当下	使学生认识到身心健康的重要性，让自己健康地活在当下，把握当下，才能拥有美好未来
	寻找生命平衡	
	生命加油站	
歌唱生命	生命的力量	使学生认识到生命如此坚强，人类才能生生不息；生活是如此美好，我们要活出自己的精彩
	化蛹成蝶	
	活出自己的精彩	
珍爱生命	我的生命态度	使学生认识到生命如此脆弱，我们需要珍惜自己的生命；生命是唯一的，绝不能轻易放弃生命
	生命永远珍贵	
	时间管理	
展望生命	梦想与人生	使学生意识到人生规划的重要性，规划人生并付诸行动，才能使生命绽放出夺目的光彩
	目标成就未来	
	成为心想事成的自己	
打磨生命	与挫折共舞	使学生认识到生命中的挫折和压力都是人生的垫脚石，有了它们的打磨，生命将变得更加圆润和光滑
	当情绪低落时	
	一杯水的故事——压力管理	
妆点生命	柳暗花明又一村——换个角度看问题	使学生认识到生命需要妆点，妆点生命并且不断发现生命之美，使生命充满乐趣
	幸福像花儿一样	
	寻求幸福	

（续表）

单元主题	课程主题	单元目标
关怀生命	尊重生命	使学生认识到当他人遭遇危机、面临丧失时，应该学会主动去关心、关爱他人，帮他走出危机，直面丧失
	至少还有我	
	当危机到来后	
悲悯生命	折叠人生	使学生认识到死亡是必然的，应该以理性的态度去看待死亡，做到向死而生
	岁月中的失去	
	吾生也有涯	

三、课程实施

内容成型以后，我们在温州中学、温州市艺术学校、温州市九山学校和温州市第五十一中学等多所学校进行了为时一学年36课时的课程，并对课程的效果进行了调查。

四、课程实施效果

本研究采用问卷调查的方式对高中生的生命教育状况进行研究，实验组为某重点高中（浙江省一级重点中学、浙江省一级特色示范高中）高一部分学生，均已上过一学年36课时的生命教育课程，发放问卷160份，收回有效问卷147份。对照组为某中学（同为浙江省一级重点中学、浙江省一级特色示范高中）高一学生，未接触过系统的生命教育课程，发放问卷175份，收回有效问卷160份。

（1）当你面临一些重大的挫折或失败时，你会怎样面对（见表2所列）？

表2　问题1

	用平常乐观的心态坦然面对	有一段时间会很消极	会悲观失望，甚至会产生自杀的念头	想逃避现实，只要能减轻痛苦
实验组	48.2%	49.0%	0.7%	2.1%
对照组	29.4%	66.0%	0.5%	4.1%

在选择“用平常乐观的心态坦然面对”这个项目上，实验组的学生比例比对照组的高出18.8个百分点，说明生命教育课程在一定程度上可以提高学生的乐观指数。

（2）如果在大街上看到发生车祸，肇事车辆跑了，而伤者躺在地上不能动弹，还流了很多的血，你会怎么做？

表3　问题2

	马上上前施救	马上打电话报警，等待救援人员到来	大家在观望，我也观望	自己很想上前去救，但看见大家都不动，我也不动	无动于衷，看一眼就走开了
实验组	16.3%	73.5%	1.4%	6.1%	2.7%
对照组	5.6%	62.8%	3.9%	18.3%	9.4%

从本题可以看出，实验组的学生比对照组的学生更具有爱心和助人意识，而对照组的学生这种意识会差一些。

（3）你是否认为践踏草坪、攀折花木、捕捉动物都是伤害生命的行为？

表4　问题3

	是伤害生命的行为，所以我尽量不去做这样的事	偶尔会有这样的想法，但我还是会做	没想过这种事，因为这些行为很正常，没有到伤害生命的程度	只有人和动物有生命，花草树木没有生命
实验组	82.3%	16.3%	1.4%	0%
对照组	61.2%	31.4%	6.4%	1.0%

从本题可以看出，实验组的学生更具有爱护生命的意识，爱护生命不仅仅包括爱护自己的生命，也包括爱护他人、动物、植物的生命。

（4）你是否赞同“我的生命并不完全属于我自己，还属于家人、朋友和社会”这个观点？

表5　问题4

	完全赞同	基本赞同	不太赞同	完全不赞同，生命就是我自己的
实验组	44.9%	44.9%	8.2%	2.0%
对照组	39.5%	43.8%	11.4%	5.3%

本题考查的是学生对“生命并不仅仅属于个人”观点的认同度，实验组的学生比例比对照组的高出6.5个百分点。

（5）你能做到热爱生命、珍惜生命吗？

表6　问题5

	能	不能	不知道
实验组	88.4%	0.6%	11.0%
对照组	69.3%	6.3%	24.4%

这道题回答“能”的，实验组的学生比例比对照组的高出19.1个百分点，说明生命教育课程可以增强学生热爱生命、珍惜生命的意识。

（6）你是否对人的生命和生命价值进行过思考？

表7　问题6

	经常思考	偶尔思考	从不思考
实验组	31.3%	68.0%	0.7%
对照组	48.3%	47.7%	4.0%

从本题可以看出，绝大部分学生都已经开始对生命和生命价值进行了思考，实验组和对照组的对比并不明显。

（7）当听到有人自杀时，你是怎样想的？

表8　问题7

	我能理解这种行为，这是摆脱痛苦、逃避现实的一种方式	失去生命太可惜了，好死不如赖活着	是一种对他人、对社会、对家人极不负责任的行为
实验组	13.6%	11.6%	74.8%
对照组	28.7%	20.4%	50.9%

本题考查的是学生能否意识到“自杀是一种对他人、对社会、对家人极不负责任的行为”。从结果可以看出，认同这种观点的实验组的学生比例比对照组的高出23.9个百分点，说明生命教育让学生认识到自杀是一种并不被社会所认可的行为。

（8）你认为自杀会对周围的人造成影响吗？

表9　问题8

	会，严重影响	会，影响不深	不会
实验组	83.0%	15.6%	1.4%
对照组	77.0%	21.4%	1.6%

从本题可以看出，无论是实验组还是对照组，学生都能意识到自杀会对周围的人造成影响，但是意识到“会，严重影响”的实验组的学生比例比对照组的高出6个百分点。

（9）你曾经有过自杀的念头吗？

表10　问题9

	有，就一次	不止一次	没有
实验组	17.7%	9.5%	72.8%
对照组	19.2%	24.8%	56.0%

从本题可以看出，曾有过自杀念头的中学生的比例还是比较高的。回答“有，就一次”的实验组和对照组的学生对比并不明显，而回答“不止一次”的对照组的学生比例却比实验组的高出15.3个百分点，说明生命教育可以有效减少学生的自杀念头。

（10）你有过自杀的经历吗？

表11　问题10

	有	没有
实验组	2.0%	98.0%
对照组	3.6%	96.4%

从本题可以看出，有自杀念头的人不一定会采取自杀行为，研究人群

中有少量的人曾经采取过自杀行为，对照组的学生比例是实验组的1.8倍。

（11）你身边的朋友或你认识的人有发生过自杀事件吗？

表12　问题11

	有，很少	比较多	基本没有
实验组	16.3%	0%	83.7%
对照组	21.6%	0%	78.4%

从本题可以看出，一些人有身边的朋友或者认识的人发生过自杀事件，而自杀事件对身边的人影响是比较大的，这也反映出生命教育非常必要。

（12）当你遇到重大挫折时，如失去亲人、失恋、残疾、被疾病折磨，你是否会选择自杀？

表13　问题12

	说不准	会	不会
实验组	19.7%	0%	80.3%
对照组	25.7%	1.6%	72.7%

从本题可以看出，当遭遇重大挫折时，承诺不会选择自杀的实验组的学生比例比对照组的高出7.6个百分点。而回答“会”的实验组的人数为0，对照组的学生比例为1.6%。由此可见，生命教育在一定程度上能够降低人们的自杀意向。

（13）生命的宝贵在于什么？

表14　问题13

	身体发肤，受之父母	生命的唯一性
实验组	23.1%	76.9%
对照组	25%	75%

从本题可以看出，无论是实验组还是对照组，大部分学生都能认识到生命是唯一的，所以特别宝贵。

（14）在学校教育中，你觉得生命教育是否重要？

表15　问题14

	重要	不重要	说不清
实验组	91.2%	2.0%	6.8%
对照组	75.1%	7.0%	17.9%

从本题可以看出，认为生命教育重要的实验组的学生比例比对照组的高出16.1个百分点，说明生命教育使学生认识到生命的重要性，学会珍惜生命，尊重生命。

综上所述，从问卷调查的结果来看，生命教育课程可以有效地增强学生爱护生命、尊重生命的意识，可以有效地减少学生的自杀观念和自杀意向，对自杀行为起到了一个很好的预防作用。

五、研究与实践成效

（一）开发出了系统的生命教育课程

虽然大陆地区多个省市开始了生命教育方面的探索和实践，但是系统的生命教育课程还是非常缺乏的。从2014年开始，我们不断充实，不断打磨，不断更新生命教育课程的内容体系。我们开发的生命教育课程从2014年的温州市精品选修课程评选三等奖，到2015年的温州市德育校本课程二等奖，再到2016年6月的温州市第八届普通高中精品选修课程评选一等奖，以及2016年12月的第五批浙江省普通高中精品选修课程，它在一步步成长、一步步完善。

（二）涌现出一批优秀的研究成果

在研究和实践的过程中，我们不断进行经验总结和反思，一批成果获得了较好的成绩（见表16所列）。

表16　部分成果展示

时间	成果主题	成果类型	级别	奖次	颁发单位
2014年4月	生命成长与发展	精品选修课	市级	三等奖	温州市教育教学研究院

（续表）

时间	成果主题	成果类型	级别	奖次	颁发单位
2015 年 1 月	同心圆里的大智慧——成长年轮海报大赛项目创意设计	教育创意	市级	一等奖	温州市教育学会
2015 年 6 月	关于中学生命教育课程内容与实施的思考	论文	市级	一等奖	温州市教育科学规划领导小组办公室
2015 年 6 月	利用生命年轮开展生命教育的实践与思考	论文	市级	三等奖	温州市教育科学规划领导小组办公室
2015 年 7 月	生命教育与自我成长	德育校本课程	市级	二等奖	温州市教育教学研究院
2015 年 10 月	中学生生命教育实践活动开发研究	课题	市级	二等奖	温州市教育科学规划领导小组
2015 年 12 月	我的生命年轮	观摩课	全国	一等奖	北师大生命教育研究中心
2016 年 3 月	基于生命教育的心理辅导活动课程开发与实施的研究	课题	市级	二等奖	温州市教育局
2016 年 6 月	生命教育	精品选修课	市级	一等奖	温州市教育教学研究院
2016 年 12 月	生命教育	精品选修课	省级		浙江省教育厅教研室

（三）增强了学生珍爱生命的理念和意识

珍爱生命心理辅导课程的实施，使学生了解到生命的价值与意义，明白了生命的来之不易，从而学会珍爱生命、尊重生命、敬畏生命。很多学生认为生命教育课很有意义，对自己帮助很大。我们对系统地实施了生命教育的学生和未实施生命教育的学生进行了对比研究，发现生命教育大大增强了学生的生命意识。问卷调查也在一定程度上证实，该课程的实施可以有效地降低学生的自杀观念和自杀意向，对自杀行为起到了一个很好的预防作用。

（四）培训出一批经验丰富的教师

由于我国生命教育方面的应用研究比较少，导致生命教育的师资奇缺。我们在课题的实施过程中，利用公开研讨的形式，培训出一批经验丰富的生命教育教师。我们还应邀在温州大学举办的全省教师培训项目中进行了生命教育讲座，解读生命教育理念，阐述生命教育思想，分享生命教育课程，为省内的生命教育师资培养贡献出自己的一份力量。

（五）产生了积极的社会影响

生命教育活动受到社会各界的广泛关注。2013 年 10 月 14 日，温州都市报以《慧心班，把阳光送给孩子》为题，专门报道了我们团队关于生命教育的实践活动。2014 年 9 月 21 日，温州晚报以《师生欢聚一堂，聊聊如何“活在当下”》为题，专门报道了我们团队的公开研讨活动。2015 年 12 月，相关部门举办了温州市首届生命教育研讨会，全市 700 多名教师参加了本次会议。我们通过讲座、公开课、团体辅导等多种形式展示了生命教育的途径和方法，产生了良好的社会影响。

参考资料

[1] 闫守轩，李秀梅．华特士生命教育课程设计及其启示［J］．外国教育研究，2011（6）：25–29.

[2] 冯建军．生命教育实践的困境与选择［J］．中国教育学刊，2010（1）：35–38.

[3] 冯建军．生命教育的内涵与实施［J］．思想理论教育，2006（21）：25–29.

[4] 肖川．生命教育的三个层次［J］．辽宁教育，2006（6）：4–6.

[5] 张瑞平，党文婷，张龙萍，等．中小学开展生命教育的内容和途径［J］．教育探索，2012（6）：89–90.

第十章 校本课程开发

“高中生生涯规划与发展”课程纲要

课程背景

职业生涯教育在高等教育中尚处于起步阶段，而在基础教育中可以说是一片空白。国家教育发展研究中心最近进行的一项针对初三和高三学生的调研显示：高三学生“对高考志愿中所填报的专业的了解程度”方面，回答“非常了解”的学生比例为3.4%；回答“比较了解”的学生比例为21.4%；回答“了解一小部分”的学生比例为55.9%；回答“完全不了解”的学生比例为19.3%。这说明过半的学生并不是很了解所选择的专业。在选择高考专业时，学生将自己某一学科的成绩当作专业选择依据的情况，更是司空见惯。初三学生回答“假设直接工作，你是否具备了必要的知识、能力及素质”这个问题时，只有11.4%的城市学生和7.1%的县镇学生认为自己可以从容就业，而绝大多数的学生认为自己还缺乏必要的专业知识。当被问及“你们学校是否有一些关于职业教育的内容”时，大约三分之二的学生回答“几乎没有”，开“职业技能课”的学校微乎其微。当被问及“你认为中学开设专门的升学就业指导课程是否有必要”时，有四分之三以上的学生认为有必要开设专门的升学就业指导课程。这一结果表明，学生们对于学校能在升学就业方面给予专业指导是非常欢迎的。社会需要学校对学生的升学就业、职业规划和人生发展给予全面的教育和正确的指导。

据另一调查发现，在各种影响中学生专业选择的人群中，父母家人是最重要、最普遍的角色。其中，51% 的中学生承认受父母家人的影响最大，而受同学和朋友影响的中学生只有 10.8%，受媒体影响的只有 9.6%，受老师影响的更少，仅有 5.7%。学校和老师本应在中学生的未来规划中起到更重要的指导作用，但事实并非如此。

调查还发现，近三成的中学生（28%）不清楚社会需要什么样的人才，有三成多的中学生（33%）无法确定自己的个性特征，近四成的（38%）中学生不知道应该报考什么专业。

总之，目前中学生中普遍存在着“升学无意识、就业无意识、发展无意识、生涯无规划、学习无动力”的现象。这说明，目前中学的职业生涯教育还是相当薄弱的。由于缺少职业生涯教育，中学生对社会职业不了解，不能根据社会职业上的需求正确认识自我、调整自我，对自己的兴趣、特长及能力不清楚，在个人职业发展前景规划方面理解、认识模糊。在基础教育阶段，学校进行职业生涯教育，具有十分重要的意义。

目标体系

职业生涯教育目标体系见表 1 所列。

表 1　职业生涯教育目标体系

维度	职业生涯教育具体目标
知识与技能	◆ 认识常见的职业形态、种类与分工，探索若干新兴职业；了解职业分工和相关职业群的基本要求；掌握部分职业的工作流程，具有常见职业的基本知识和基本技能；掌握选择的职业所需要的知识与技能。 ◆ 了解职业的一般就业程度；掌握从业过程中必备的劳动保护知识、商务规则和相关的法律法规知识；理解就业与从业过程中所必需的职业道德；明确良好的素质对从业、创业的意义，形成基本的职业素质。 ◆ 了解社会发展对产业结构及职业变化带来的影响；掌握未来不同岗位的不同职业需求，形成就业创业的基本意识与初步选择；逐步形成职业、创业概念，初步具备分析、理解职业信息的能力；具有基本的职业生涯规划能力和初步的人生设计与规划的能力

（续表）

维度	职业生涯教育具体目标
过程与方法	◆ 通过职业咨询、辅导或职业群调查的途径，查阅分析资料，制订就业计划，初步确定或调整学习与职业生涯方向。 ◆ 学会运用比较、抽象、概括等思维方法分析各种就业创业信息，发挥潜能，分析个人发展方向及必备的条件，掌握有关职业群的技能。 ◆ 理解个性特点与职业生涯规划之间的关系，正确对待和使用职业测试量表，重新评价个人的兴趣、能力和职业生涯目标；根据个人特点，掌握职业生涯规划的基本方法，掌握求职、创业的一般方法
情感态度与价值观	◆ 形成初步的职业兴趣，树立正确的劳动观、职业观、学习观、人生观与创业观，树立爱岗敬业、勇于奉献、诚实守信的职业道德。 ◆ 了解职业、职业群及其对人生和生活方式的影响；了解创业的意义；理解升学与就业、就业与创业的关系；激发学习热情，树立终身教育的观念；理解有关生活方式的价值观；理解兴趣、能力、职业群之间的关系，做好就业与创业的心理准备。 ◆ 理解职业是一切工作的形式；理解职业与个体成长发展的关系；理解劳动职业在人生中的意义，形成就业与创业意识；确立积极进取的人生态度，培养坚强的意志和团结合作的精神，增强适应生存环境的能力，具有初步的人生设计与规划意识

课程内容

课程内容共分 6 个单元，21 个课时，具体见表 2 所列。

表 2　课程内容

单元主题	课程主题	单元目标
生涯唤醒	从临渴掘井到未雨绸缪	通过绘制自己的生涯彩虹图、生涯幻游等形式，让学生对生涯规划有初步的了解，激发他们的生涯规划意识
	我的生涯彩虹图	
	致 20 年后的自己	
自我探索	我的兴趣我做主——职业兴趣探索	对自己的职业兴趣、职业能力、性格和价值观等方面进行探索，进一步了解自己，为生涯规划打下坚实的基础
	天生我材必有用——我的职业能力	
	适合的才是最好的——性格与职业	
	价值拍卖会	
	抉择	

（续表）

单元主题	课程主题	单元目标
探索外部世界	大学面面观	对外部世界进行探索，包括大学相关信息、专业相关信息和职业相关信息等，并教会学生掌握探索外部世界的方法和技巧
	专业知多少	
	未来的职业世界	
	我的家族职业树	
学业规划	目标决定未来	让学生学会制订学习目标、学习计划，并学会管理好自己的时间，从而可以提升自己的学业成绩
	如何做学习计划	
	一寸光阴一寸金——时间管理	
生涯决策	我的选择我做主——七选三初探	让学生掌握生涯决策的方法，学会七选三、志愿填报等生涯选择
	做好志愿填报	
生涯管理	面对变化，你准备好了吗？	让学生明白不确定性会对生涯规划产生比较大的影响，探索不确定性因素都有哪些，从而积极准备，接纳生活中的不确定性
	捕捉生命中的蝴蝶	
	当梦想破灭时	
	生命的涟漪	

课程实施

本课程在高一阶段实施，每周一节。

课程评价

课程评价分为两部分。一是学生自主评价，从专业素养、教学态度和教学素养三个方面对教师进行评价（详见表3所列）。

表3　课程评价体系

教师教学常规问卷调查表：专业素养		A	B	C	D
1	对本职工作的喜欢度	82.2%	11.9%	5.7%	0.2%
2	言行合一，正直守信，大度	94.3%	4.9%	0.8%	0%
3	学科知识	88.9%	10.1%	1.0%	0%

（续表）

教师教学常规问卷调查表：教学态度		A	B	C	D
4	教学风格	80.4%	12.4%	6.2%	1.0%
5	备课	93.3%	5.4%	1.3%	0%
6	上课迟到、早退	98.7%	1.0%	0.3%	0%
7	上课拖堂	98.4%	1.6%	0%	0%
8	作业批改、讲评	87.6%	6.7%	1.0%	4.7%
9	辅导答疑积极、主动、耐心	95.9%	4.1%	0%	0%
10	课堂管理	91.0%	8.3%	0.7%	0%
教师教学常规问卷调查表：教学素养		A	B	C	D
11	教学方法得当，思路清晰	95.3%	3.9%	0.8%	0%
12	鼓励探究质疑，注重能力培养	94.6%	5.2%	0.2%	0%
13	多媒体辅助教学	95.9%	3.6%	0.3%	0.2%
14	板书准确清晰	96.4%	3.1%	0.5%	0%
15	作业题的选择	95.1%	4.1%	0.3%	0.5%
16	学习负担	96.1%	1.8%	2.1%	0%
17	重视学生的全面发展	96.6%	2.1%	0.8%	0.5%
18	关爱、尊重学生	97.7%	2.1%	0.2%	0%
19	平等待人，承认自己不足	97.9%	2.1%	0%	0%
20	有亲和力，重视师生交流对话	96.1%	3.6%	0.3%	0%

二是效果评价。我们利用《中学生职业成熟度问卷》对学生进行前测和后测对比，以及和未实施生涯规划教育的学校的学生对比。问卷调查采用刘慧所编制的《中学生职业成熟度问卷》，该问卷由30道题目组成，采用五级评分制问卷的同质性信度为0.870，重测信度为0.741。此外，该问卷有两个维度：职业决策知识和职业决策态度。其中，职业决策知识包括两个方面：职业自我知识，指个体对自己的职业能力、气质、性格、兴趣、价值观等的了解程度；职业世界知识，指个体对职业的意义、职业的

发展前景、从业要求、实现途径、工作职责、社会地位等的了解程度。职业决策态度包括五个方面：主动性，即个体积极参与职业决策过程的程度；独立性，即不盲目依赖他人而独立做出职业决策的程度；稳定性，即不同时期个体将来想从事职业领域的一致性程度；功利性，即个体根据自身特点还是根据待遇收入等功利性因素来选择职业的程度；自信心，即对自己职业决策知识与能力的信心程度。

“遇见未知的自己”课程纲要

课程名称

遇见未知的自己——高中生自我意识辅导

课程背景

近年来，有关心理研究机构和一些心理学家采用各种量表对青少年的心理健康状况或某些心理健康问题进行了大量的研究，许多研究结果表明：有10%至30%的青少年存在着各种不同程度的心理健康问题，这些心理健康问题主要表现为强迫、人际关系、抑郁、偏执和敌对等症状。中国科学院心理研究所国民心理健康状况研究小组发布的《中国国民心理健康发展报告》显示，在青少年阶段，心理健康指数随年龄增长呈下降趋势：初一学生的心理健康水平最佳，初二、初三学生次之，高中学生最低。在成年阶段，心理健康指数逐渐上升，总体表现为年龄越大，心理健康状况越好。

根据心理学家王极盛先生的《中国中学生心理健康量表》，我们经过近五年的调查发现，有39.79%的高中学生有心理健康问题，主要表现在学习压力感、情绪不稳定、适应不良、焦虑、自我强迫、人际关系紧张与敏感等多个方面。

根据心理学家埃里克森的人格发展八阶段理论，12至18岁处于“同一性对角色混乱”阶段。埃里克森认为：一方面，青少年本能冲动的高涨会带来问题；另一方面，青少年面临着新的社会要求和社会的冲突而感到困扰和混乱。所以，青少年期的主要任务是建立一个新的同一感或自己在别人眼中的形象，以及他在社会集体中所占的情感位置。这一阶段的危机是角色混乱。

可见，自我意识问题是青少年最主要的问题，高中生尤甚。正如有些专家说，所有问题都是自我的问题。只有解决好了自我意识问题，高中生才能更好发展，才会拥有积极的心态与健康的心灵。

因此，高中生自我意识辅导势在必行。

课程目标

一、总体目标

使学生认识到拥有积极健康的自我意识的重要性，学会正确认识自我，悦纳自我，提升自我；成为一名自信、自尊、自爱、自强的高中生。

二、具体目标

（一）知识与能力

（1）了解拥有积极健康的自我意识的重要性，认识自我意识发生、发展的过程及其结构。

（2）了解自我意识的相关理论。

（3）对自己情绪、职业兴趣、职业能力等方面进行探索，全面地了解自己。

（二）过程与方法

（1）通过自我意识的相关理论学习，使学生掌握剖析自我的方法，学会辩证地看待自己。

（2）通过表达性艺术治疗等方法，让学生在体验中自我愈合、自我成长。

（3）通过小组讨论和分享等手段，让学生观点碰撞，学会表达自我。

（三）情感与价值观

（1）营造安全温馨的团体氛围，创设使学生自我成长的空间。

（2）培养学生接受自我、悦纳自我的态度，形成积极的自我观念。

（3）激发学生提升自我的动机，使其自发地提升自己。

课程内容

本课程共分成六个单元，分别是关注自我、剖析自我、珍爱自我、探索自我、强健自我与提升自我。每个单元3个课时，共18个课时（见表1所列）。

表1　课程内容

单元主题	每课主题	单元目标
关注自我	自我解密——自我意识的发生与发展	了解自我意识的定义及其发生发展的规律；了解正确认识自我的重要性；了解自我成长的历程以及自我意识的发展
	沉香与木炭——认识自我的重要性	
	年轮——我的成长历程	

（续表）

单元主题	每课主题	单元目标
剖析自我	一半是天使，一半是魔鬼——本我与超我	理解弗洛伊德的人格结构理论、乔哈里窗理论等，利用这些理论去剖析自我，学会辩证地看待自己
	打开连通世界的门窗——我的乔哈里窗	
	哈哈镜中的我——积极错觉	
珍爱自我	我很重要	认识到自我的重要性，学会接受自己的不完美，学会接纳自己的优点和缺点，使学生成为一个喜欢自己的人
	悦纳自我	
	首先学会爱自己	
探索自我	我的情绪	了解自己的情绪发展特点、职业兴趣和职业能力，为日后职业选择打下基础
	我的职业兴趣	
	我的职业能力	
强健自我	“防伪标签”	针对阻碍自我健康发展的思维定式、体像意识障碍和自我中心等问题，设计方案，积极预防，提高学生的能力
	体像烦恼	
	换位思考——克服自我中心意识	
提升自我	积极的自我暗示和自信心的培养	使学生认识到，只有不断努力才能使理想自我成为现实自我；不断提升，才能成为自己心目中最好的自己
	做个更好的自己	
	成为心想事成的自己	

教材编写原则

自我意识辅导课程属于中小学心理健康教育课程的一部分，因此它必须遵循心理健康教育课程的理念和原则。本课程的编写原则如下：

一、科学性

要根据学生身心发展的规律和特点及心理健康教育的规律，科学开展自我意识辅导，切实提高学生心理素质和心理健康水平。

二、全体性

以全班学生作为对象，每一个设计都必须考虑全体学生的接受能力和关注程度，主题的选择应该是大部分学生都比较关注的，而不是仅仅关注少数学生的兴趣所在。

三、发展性

同一年龄段的中学生的心理发展基本上处在同一水平上，他们对自我意识的理解以及在成长过程中遇到的自我意识问题，大体呈现出一种普遍性和规律性。因此，在主题选择和课程设计过程中，教师要考虑到学生的心理发展水平和知识理解水平，要让课程有一定的前瞻性，能够帮助学生发展与成长。

四、活动性

中小学心理健康教育课程注重体验与参与，并不注重知识的传授。所以，在课程设计过程中，教师要轻知识传授、重活动体验，让学生在活动中得到体会和成长。

课程实施建议

中小学心理健康教育课程注重体验与参与，不注重知识的传授。因此，评价的重点应该放在学生的参与程度上。评价应着重以下几方面：第一，着眼于学生认知、情感、态度和价值观的变化；第二，注重行动，关注学生在课堂上的主动参与和行动表现；第三，注重学生能力的综合表现，关注学生的体悟与收获。

图书在版编目（CIP）数据

从新手到行家：心理教师的十项修炼/刘鹏志著．—合肥：合肥工业大学出版社，2021.10

ISBN 978-7-5650-4984-2

Ⅰ．①从…　Ⅱ．①刘…　Ⅲ．①心理健康—健康教育—教学研究—高中　Ⅳ．①G444

中国版本图书馆 CIP 数据核字（2020）第 189943 号

从新手到行家

——心理教师的十项修炼

刘鹏志　著　　　　责任编辑　王钱超

出　版	合肥工业大学出版社	版　次	2021 年 10 月第 1 版
地　址	合肥市屯溪路 193 号	印　次	2021 年 10 月第 1 次印刷
邮　编	230009	开　本	710 毫米×1010 毫米　1/16
电　话	人文社科出版中心：0551-62903205	印　张	14.25
	营销与储运管理中心：0551-62903198	字　数	228 千字
网　址	www.hfutpress.com.cn	印　刷	安徽昶颉包装印务有限责任公司
E-mail	hfutpress@163.com	发　行	全国新华书店

ISBN 978-7-5650-4984-2　　　　定价：58.00 元